좌충우돌 위기교실과 위기학생 관리하기

좌충우돌 위기교실과 위기학생 관리하기

학교현장에서 ADHD, 학습장애,
정서장애, 품행장애 학생을 품는 방법

신경아 저

학지사

서문

이 책을 쓰는 일이 결코 쉽지는 않았다. 부끄러운 마음도 있었고, 고통스러운 기억들을 다시 들추어내는 일은 쉽지 않았다. 그러나 나의 마음에서는 희미하지만 무시할 수 없는 '해야 한다. 알려야 한다.'라는 메시지가 끊임없이 들려왔다. 2023년 여름, 학교에서 벌어지는 처참하고 무질서한 일들이 세상에 본격적으로 알려지기 전부터 간간이 동료 선생님들의 경험담, 신문의 짤막한 기사를 통해 학생들과 학부모들이 이전과는 많이 달라졌다는 것을 느낄 수 있었다. 교육행정가들과 선생님들이 어찌할 바를 몰라 힘들어하고 있다는 소식을 전해 들었다. 그러나 직접 겪어 보지 않았기에 남의 집 불구경하는 심정으로 안타까운 마음만 가질 뿐이었다.

그러다가 남의 이야기로만 듣던 힘든 학생들을 만나게 되었다. 트라우마가 생길 정도로 힘들고 슬펐다. 우울하고 무력감에 눈물도 많이 흘렸다. 학교에 출근하기도 싫고, 그 학생을 만날 생각을 하면 가슴이 쿵쾅거리고 숨이 막혔다. 그때 학교의 교장선생님, 행동수정전문가(행동중재전문관) 선생님, 담임 선생님들이 도와주었다. 함께 짐을 나눠 짊어져 주었다. 우리에게는 TOOL(도구)이 있었다. 그래서 나는 살아남았다. 그분들의 도움 덕분에 함께 짐을 지고 체계적으로 학생을 돕는 방법을 배우게 되었다. 비록 성공한 순간보다 실패한 일들이 많았지만 그래도 나의 영혼을 보전하고 계속해서 특수교육의 길을 걸어가고 싶은 마음이 생겼다. 부족한 나를 그 치열한 전투(?)에서 살아남게 한 도구를 한국에 계신 선생님들에게 알려 드리고 싶었다. 이것이 나의 부끄러운 이야기를 공개하면서까지 이 책을 쓴 이유이다.

이 책에는 네 명의 학생에 관한 이야기가 나온다. 이들은 선생님을 향해 욕설을 내뱉는 것은 기본이요, 선생님 약올리기, 물건을 마구 집어던지기, 수업 방해하기, 교실에서 도망치기 등등 생각만으로도 혈압이 급상승하는 행동을 수시로 보여 주었다. 학부모들은 한 술 더 뜨기도 하였다. 이 책에서는 야생마 같은 학생들을 데이터를 근거로 한 계획과 협력으로 서서히 사회화시키는 과정을 소개하였다. 더불어 행동데이터 수집을 위한 수집표, 관찰표, 행동지원계획서, 시각 자료들도 함께 수록하였다. 현장에서 치열한 전투를 치루시고 계실 선생님들께 도움을 주고 싶은 마음에서다. 물론 이것이 유일한 방법이라는 것은 아니다. 그러나 현명하고 근면한 대한민국의 선생님들은 이 책에 소개된 방법과 사례를 바탕으로 한국의 교육현실에 알맞은 K-긍정훈육법을 만드실 수 있을 것이라 믿는다.

그동안 교실에서 혼자라는 느낌으로 흐느끼며 속상해하였을 모든 선생님께 감히 위로와 격려의 말씀을 드리고 싶다. 나이 마흔 살이 훌쩍 넘은 초보 특수교육 교사인 내가 할 수 있었던 것을 젊고 유능한 또는 현명하고 경험 많은 선생님들은 거뜬히 해내실 수 있을 것이라고. 파이팅!

차례
C O N T E N T S

차례

차례

C O N T E N T S

01

막말의 대가, 사이먼

사이먼은 고학년 남학생으로 3학년 때부터 선생님의 말을 듣지 않고, 수업에 잘 참여하지 않으며 폭언을 일삼아 학교에서 특급으로 관리되고 있던 학생이다. 3학년 중반에 정서장애와 언어장애로 특수교육을 받기 시작하였다. 문제행동으로는 수업 중 그리고 화장실에서 음란한 신음소리 내기, 어른 아이할 것 없이 상대에게 폭언하기, 규칙 어기기, 약자를 공격하거나 무시하기, 성적인 행동하기 등이다. 학교 생활 내내 항상 보조 선생님의 주의 깊은 감독이 필요했던 학생이다.

막말이 무엇인지를 보여 준 사이먼

악행의 시작, 막말 낙서 사건

'정서장애', '학습장애' 그리고 '언어장애'를 가지고 있다는 사이먼이 전학을 왔다. 학교 행정실에서 사이먼의 자세한 인적 사항과 관련 서류를 보내왔건만 나는 이를 무심히 지나쳤다. 새로 전학을 왔다는 사이먼이 어떤 학생인지도 볼 겸, 어떻게 지내는지 궁금하여 4학년 교실로 발걸음을 옮겼다. 교실 문을 열자, 미스 베이커는 사색이 된 얼굴로 나를 보자마자 시험지 한 장을 보여 주며 거기에 적힌 낙서를 읽어 보라고 하였다.

"Why are you so bitch?"

이런 막돼먹은 문구가 적혀 있었다. 우리말로 번역하자면

"웬 지랄이냐, 이년아!"쯤 되겠다. 학교에서는 절대 사용해서는 안 되는 말. 그동안 나를 정신적으로 녹초가 되게 만들었던 학생들도 'B○○○○'라는 험한 말을 사용한 경우는 없었다. '이럴 수가!' 전학을 온 지 2주밖에 되지 않았는데 이런 욕을 하다니⋯⋯? 사이먼은 수업에 집중하고 시험지 풀기를 하라는 미스 베이커의 닦달에 욕을 날렸던 것이다. 온갖 짜증과 신경질로 달아오른 사이먼을 얼떨결에 떠맡아 특수교육 교실(이하 지원실)로 데리고 오게 되었다. 아직 사이먼이 어떤 아이인지 파악도 채 되지 않았는데, 무엇을 어떻게 해야 할지 몰라 우선은 반성문을 쓰게 하였다.

"내가 왜 반성문을 써야 하나요? 미스 베이커가 자꾸 귀찮게 이 병신 같은 문제를 풀라고 했다고요. 내가 그림을 그리고 있는데 말이에요."

"선생님에게 이게 무슨 예의 없는 말이냐! 어서 베이커 선생님에게 욕을 해서 미안하고, 앞으로는 이런 부정적인 말을 하지 않겠다고 여기에 쓰렴."

주객이 완전 전도되었다. 어느새 나는 사이먼에게 제발 반성문을 써 달라고 애걸을 하고 있는 꼴이 되었다. 사이먼은 말도 되지 않는 그만의 개똥철학을 설파하면서 고집스럽게 버텼다. 할 수 없이 최후의 수단으로 어머니에게 알려야겠다고 하였다. 미국 아이들도 엄마 찬스는 무서워한다.

"그럼 할 수 없이 어머니께 알려야겠구나. 어머니께 이메일을 보낼 테니 집에 가서 어떻게 행동해야 할지 어머니랑 잘 이야기 해 봐라."

사태를 이렇게 어정쩡하게 마무리하고, 얼른 사이먼을 교실로 돌려보냈다. 아직 사이먼의 엄마와 첫 만남을 갖기도 전인데 할 수 없이 일면식도 없는 사이먼의 엄마에게 첫 이메일로 안 좋은 소식부터 전하게 되었다. 다행히도 사이먼의 엄마는 매우 공손하게 답장을 보내왔고, 다음날 사이먼은 베이커 선생님에게 집에서 적어 온 반성문을 내밀었다. 그러나 4학년씩이나 된 사이먼이 써 온 반성문은 도저히 4학년 학생의 수준이라고는 믿기 어려운, 1학년 학생이 썼을까 의심이 들 정도로 형편없는 내용이었다.

"선생님께 욕을 해서 죄송합니다."

달랑 한 줄에, 노트 종이를 찢어서 써 온 반성문이었다. 나는 실망감에 사이먼에게 반성문을 다시 쓰라고 하였다. 그러나 베이커 선생님은 무한한 인내심을 발동하며, "사이먼, 반성문을 써 와서 고맙구나. 네 생각을 바꾸어 주어 정말 기쁘다."라는 얼토당토않은 칭찬을 해 주었다. 나는 상황이 쉽게 이해가 되지 않았다.

'수준 이하의 반성문을 써 왔는데, 웬 칭찬? 나만 좁쌀영감 같은 무정한 선생님이 되었네.'

약간은 불쾌하였다. 사이먼과 같은 심술쟁이 학생을 다루는 경험이 처음이었던 나는 베이커 선생님 같이 베테랑 선생님의 전략을 이해하지 못했던 것이다.

사이먼은 자신의 본색을 드러내는 데 주저함이 없었다. 전학을 오자마자 겁 없이 선생님에게 'Bㅇㅇㅇㅇ'라는 막말을 하는 것을 시작으로, 선생님들과 친구들의 원성을 살 만한 온갖 행동을 서슴지 않았다. 그것은 마치 '흥부전'에 나오는 '놀부'를 떠올리게 하였다. 그의 악행은 바로 이런 것들이었다.

- 수업 시간에 이상한 신음소리 내기
- 화장실에서 이상한 신음소리를 내며 소리 지르기
- 수업 시간 내내 일본 만화 캐릭터 그리기
- 친구들이 뭐라고 하면, '입 닥쳐(Shut up!)'를 주저 없이 외치기
- 보조 선생님에게, "저리 가요! 날 내버려 둬요. 아기 취급하지 말아요. 이래라 저래라 하지 말아요. 입 닥쳐요."라고 무한 반복하기
- 쉬는 시간에 모래 뿌리기
- 돌 던지기
- 친구 이마 발로 걷어차기
- 줄 설 때 새치기하기
- 잘못한 일 잡아떼기

이 정도면 놀부도 울고 갈 정도가 아닌가. 시공을 초월한 놀라운 싱크로율이라 하겠다. 나는 사이먼에게 '미국 놀부' 또는 '어린이 놀부'라고 마음속으로 별명을 붙여 주었다.

경찰관이 출동하다

2주간의 짧은 겨울방학이 끝나고, 학생들이 학교 생활에 완전히 적응되어 별다른 행사나 휴일 없이 빽빽하게 짜인 수업 시간표에 따라 공부에 전념하는 시기였다. 개학 후, 첫 소방훈련이 있던 날이었다. 아침 일찍 진행된 소방훈련이 끝나고, 복도에서 학생을 데리러 가는 길에 4학년 선생님인 미스터 게일을 만났다. 미스터 게일은 얼굴을 찌푸리며, 소방훈련을 하던 잠깐 사이에 벌어진 일을 간략하게 말해 주었다.

"대피훈련을 하기 위해 줄을 서 있을 때, 사이먼이 앞에 있던 여학생에게 가슴을 좀 만져 봐도 되냐고 물었어요. 그러자 그 여학생이 재빨리 저에게 이 사실을 말했고, 저는 바로 이 사건을 교장 선생님에게 말씀드렸습니다. 이 일을 어떻게 처리해야 될지 지금 교장 선생님과 협의 중입니다. 신 선생님이 사이먼의 케이스 매니저이니 이 일을 아셔야 될 것 같아요."

어처구니가 없었다. 이런 경우는 또 처음이라, 미국의 학교에서는 이런 일을 어떻게 처리하는지 몰라 가만히 숨을 죽이고 있었다. 정말 다행인 것은 사이먼의 얼토당토않은 질문을 들은 똘똘한 여학생이 곧바로 게일 선생님에게 이 사실을 알렸고, 이 일이 교장 선생님에게 즉시 보고되었다는 것이다. 그 여학생에게 상이라도 주고 싶었다.

사건이 있던 날, 사이먼과 소그룹 특수교육 수업을 할 때에도 나는 이 일에 대해서는 모르는 척했다. 아직 진행 중인 일에 대해 섣불리 입을 열었다가는 왜곡된 정보를 유출할 수도 있고, 피해자나 가해자에게 잘못된 피해를 입힐 수 있기 때문이었다. 더군다나 '성(性)'과 관련된 이슈여서 더욱 조심스러웠다. 미국 학교에서는 해마다 성(性)인지 교사연수를 하는데, 그 연수에서 성희롱, 성폭력, 아동학대 등과 관련된 문제를 알게 되면 즉시 상부에 보고하고, 피해자나 가해자에게 함부로 질문하거나 신문을 하지 않도록 교육하고 있다. 질문하거나 신문을 하는 것은 반드시 정해진 전문가가 매우 조심스럽고 전문적으로 해야 한다고 교육을 받은 터였다.

사건이 있은 다음날, 교장 선생님이 무척 당황한 기색을 하고 헐레벌떡 지원실로 찾아왔다. 교장 선생님은 어제 오후에 경찰관이 학교에 왔었다고 하였다. 교장 선생님의 신고를 받은 경찰관이 직접 학교를 방문한 이유는 사이먼의 '성'과 관련된 사건이 벌써 두 번째였기 때문이었다. 교장 선생님의 말에 의하면 어제 방문한 경찰관은 이미 사이먼에 대해 잘 알고 있었고, 사이먼의 집에 가서 부모님도 직접 만나 봤다는 것이었다.

사이먼은 이 사건으로 3일간의 교내 정학 처분을 받았다. 정서장애로 특수교육을 받고 있으므로 사이먼은 학교에 등교는 하되, 급우들과 분리되어 수업은 들어갈 수 없는 처분이 내려졌다. 특수교사에게는 매우 당황스러운 조치였다. 누군가 사이먼 옆에서 그를 '철저히' 감독해야 했는데, 누가 그를 감독할지 난감했다. 학교는 심각한 인력 부족 상태였다. 특히 특수교육 분야는 말이다. 할 수 없이 시간을 분 단위로 쪼개어 A 보조 선생님과 B 보조 선생님, 나머지는 내가 감독하기로 했다. 사이먼의 3일간 정학생활을 안전하게 관리 감독하는 것은 모두 특수교사인 나의 몫이었다.

사이먼의 정학 처분 이후에 드디어 사이먼의 어머니와 담임 선생님 그리고 교장 선생님과 함께 첫 만남을 가졌다. 전학 올

때 가져온 개별화교육계획안(Individual Education Plan)을 우리 학교 상황에 맞게 업데이트하기 위한 미팅이었지만, 짧은 기간임에도 불구하고 그동안 워낙 여러 가지 사건 사고가 있었기 때문에 놀부 심술에 대한 대책 마련을 의논하는 시간이기도 하였다. 원래는 전학을 온 지 10일 안에 개별화교육계획안 업데이트 미팅을 해야 하지만, 어머니의 바쁜 스케줄 탓으로 전학을 온 지 한 달이 되어서야 만남을 갖게 되었다. 그것도 온라인으로 말이다.

미팅은 어머니의 협조적인 태도 덕분에 수월하게 진행되었다. 어머니는 사이먼의 악행들에 대해 순순히 인정하고 받아들이며, 학교의 방침과 교육에 적극 따르겠다고 약속했다. 어떤 경우에는 학부모가 자녀의 문제행동을 인정하지 않고 교사와 학교에 그 책임과 원인을 돌려 미팅 분위기가 공격적으로 변하는데, 사이먼의 경우, 어머님이 사이먼에 대해 잘 알고 계셨고, 오히려 이런 사이먼을 위해 여러 사람이 의논하고 계획을 세우는 것을 고맙게 여겼다. 그렇지만 사이먼이 수업 시간 중에 내는 음란한 신음소리에 대한 지적이 나오자, 사이먼의 어머니는 사이먼이 집에서는 한 번도 그런 소리를 낸 일이 없었으며 가정에서 이상한 비디오나 음란물을 접할 가능성은 없다고 힘주어 말하였다. 이 말을 곧이곧대로 믿는 선생님은 없는 분위기였다.

　미팅에서 매주 금요일마다 어머니에게 사이먼의 일주일간의 학교 생활에 대해 보고 형식의 이메일을 보내기로 결정했다. 어머니는 이 이메일을 보고 사이먼과 학교 생활에 대해 자세히 이야기 나누고 고칠 행동이 있으면 고치고, 칭찬할 점이 있으면 칭찬하기로 하였다. 사이먼이 전 학교에서 받았던 행동수정계획안은 그대로 유지하기로 했다. 기존의 행동수정계획안과 개별화교육계획안에 적힌 대로, 사이먼 곁에는 늘 보조 선생님을 배치하기로 결정했다. 이는 사이먼의 공부를 도와주기 위해서라기 보다는 안 좋은 행동들을 중재해 주기 위해서였다. 보조 선생님에게 사이먼의 하루 일과 중 행동을 30분 단위로 기록할 수 있는 기록표(관찰표)를 주고, 이를 날마다 기록하게 했다. 그러고는 금요일에 일주일 동안의 행동을 통계 내어 간단한 설명을 덧붙여 어머니에게 이메일로 보고하기 시작하였다.

욕쟁이 + 심술쟁이를 다루는 비법

실수투성이 초기 대응

매주 금요일마다 사이먼의 어머니에게 이메일로 보고를 했다. 어머니의 성실한 대응 덕분에 이메일은 꽤나 효과적이었다. 이메일의 서두는 항상 긍정적인 멘트로 시작했다. 손톱만큼이라도 개선된 점이 있으면 그것을 먼저 "이번 주 함께 축하해야 할 일은 ~"이라는 문구로 알렸다. 작으나마 칭찬의 단락을 지나면 대부분의 내용은 일주일간 있었던 사이먼의 심술에 대한 나열과 그것을 수치화한 데이터들과 부연 설명들이었다. 미국 사람들은 모든 보고서에 숫자를 넣어야 좋아한다는 생각이 들었다.

초기에는 교육청에서 나온 행동수정전문가 선생님으로부터 학부모와 의사소통을 하는 것에 대해 코치를 받았다. 학생의 부정적인 행동을 부모님께 보고할 때는 감정이 실리지 않도록 주의하고, 중립적인 단어를 사용하며, 벌어진 사실만을 기술하라고 알려주셨다. 주말 동안 사이먼의 어머니는 사이먼과 이메일 내용에 대해 이야기를 나누었다. 이메일에서 지적한 문제행동들이 이후에는 개선되는 것을 볼 수 있었다.

고학년의 경우, 수준별 이동 수업을 하는 학교 시스템 덕분에 사이먼은 자기 학년의 선생님들을 모두 만나고, 과목마다 함께 수업받는 친구들이 달라졌다. 음악, 미술, 체육, 도서관 수업, 특수교육 수업까지 하루 종일 여러 명의 선생님을 만나다 보니, 사이먼에게는 만만한 선생님과 그렇지 않은 선생님이 있었다. 안타깝게도 나는 만만한 선생님에 속했다. 일주일에 한 번씩 만나는 음악, 미술, 체육, 그리고 도서관 사서 선생님도 만만한 선생님 그룹에 속했다.

놀부의 심술을 간직한 사이먼은 강한 자에게는 약하게, 약한 자에게는 강하게 처신하는 경향이 있었다. 예를 들면, 쉬는 시간에 기분 나쁜 일이 있어서 짜증이 가득한 상태에서 수업에 들어오는데, 만약 엄격한 수학 선생님 수업이라면, 기분 나쁜 표정만

지은 채, 조용히 종이나 교과서에 낙서를 하면서 구석에 찌그러져 있었다. 그러나 만약 사회 선생님이나 지원실 수업 시간이라면 괜스레 언성을 높이며 연필이 마음에 안 든다든지, 교실에서 냄새가 난다든지, 옆 친구가 기분 나쁘게 자신을 째려보는 것 같아 공부할 마음이 잡쳤다고 외치는 등의 심술을 보였다. 초기에는 사이먼의 불평불만을 진심으로 받아들였다.

'연필에 무슨 문제가 있나?'
'교실에서 아까 먹은 도시락 반찬 냄새가 나나?'
'마이클이 진짜 사이먼을 째려본 것이었나?'

사이먼의 계속되는 불평불만과 심술궂은 말들에 위축되고 마음이 상했다. 아침이면 사이먼과 수업을 할 생각에 가슴이 쿵쾅거리기까지 했다. 그러나 서서히 깨달았다. 사이먼이 심술을 부리며 생트집을 잡고 있다는 것을. 지원실에 있는 연필이 너무 후져서 잘 안 써지고, 교실에서 쓰레기 냄새가 나며, 마이클이 자신을 째려본 것이 맞다고 해도, 학생으로서 선생님에게 이런 식으로 심술을 부리고 버릇없이 악다구니를 하는 것은 '선을 넘는 행동'이라는 것을 말이다. 처음 어리바리할 때에는 그저 미국 어린이들은 다 이렇게 버릇이 없고, 자유롭게 말하는 것이라고 착각했다. 그러나 학교 생활에 익숙해지면서, 그리고 다른 선생님들이 사이먼에게 철퇴를 가하는 모습을 보면서, 미국이 오히려 학생과 선생님 간의 지킬 선이 한국보다 더 선명하다는 것을 알게 되었다.

초반에는 사이먼을 어떻게 다루어야 할지 몰라 실수를 많이 했다. 처음에는 "안 돼" "그만 해"라는 말을 많이 사용했다. 그러나 돌아오는 반응은 '나는 내 방식대로 살겠다' '당신이 뭔데 이래라 저래라 하느냐' '나에게는 자유권이 있다, 내 몸 내 마음대로 하겠다' 등등 뭔가 반은 맞는 것 같은데, 반은 틀린 말꼬리 함정이었다. 예를 들면,

"사이먼, 이제 낙서 그만하고, 수학 문제를 3개 풀어야 할 시간이다. 어서 수학 문제를 풀어. 그리고 뺄셈 받아내림 문제를 풀 때는 10의 자리에서 10을 빌려와서 1의 자리 뺄셈을 해야 하는 거야."

"저는 제 방식대로 뺄셈을 할 거예요. 이런 병신 같은 방법으로는 하기 싫어요."

"이건 병신 같은 방법이 아니라 전 세계적으로 이렇게 하기로 한 약속이란다."

"전 약속 안 했어요. 저에게는 자유가 있다고요. 내 손 가지고 내가 그림 그리는 데 웬 난리예요?"

"낙서 그만해! 종이 이리 내 놔. 자, 빨리 문제 풀어!"

"왜 내 종이를 훔쳐 가려고 해요? 이거 내 거예요. 전 아기가 아니라고요. 이래라 저래라 하지 말아요."

"지금은 공부할 시간이란다. 그리고 나는 너를 가르칠 의무가 있단다."

"누가 그래요? 학교는 정말 바보 같고 지겨워요. 여기 있는 모든 것이 지겹다고요."

한국말로도 말싸움에서 이겨 본 적이 없는 내가 영어로 미국 놀부 사이먼과 말싸움을 하려니 도저히 이길 수가 없었다. 말싸움은 거의 좋게 끝나는 경우가 없었고, 상담 선생님이 오셔서 중재를 하거나 아무 해결 없이 시간에 쫓겨 사이먼을 다른 교실로 보내거나 하는 식으로 끝나 버리기 일쑤였다. 말싸움을 하는 통에 진도를 나가기는커녕, 다른 학생들까지 피해를 보는 경우가 다반사였다.

내가 실패한 두 번째 방법은 감정에 호소하기였다. 즉, 동정심과 공감을 유발하는 시도였다. 가족을 들먹인다거나 연약한 나를 좀 이해해 달라는 식의 접근이었다. 그러나 정서장애를 지닌 사이먼에게 공감유발 전략은 백전백패였다.

"사이먼, 너를 위해 열심히 일을 하시고 노력하시는 엄마를 생각해 보렴."

"우리 가족은 건드리지 말아요! 가족 이야기는 하기 싫어요. 왜 남의 가족 일에 참견하고 난리예요?"

사이먼은 가족 이야기를 하는 것을 매우 싫어했다. 심지어 미국의 어버이날인 '마더스 데이'에 엄마에게 드릴 카드를 쓰는 것도 거부했다. 주말에 가족들과 한 일에 대해 이야기 나누고 간단한 글을 쓰는 것도 싫어했다.

"사이먼, 선생님이 오늘은 컨디션이 별로야. 좀 잘해 보자."

"……."

사이먼은 내가 몸이 아프다고 하거나 정신이 없어 보이는 때에는 더욱 어수선하게 행동했다. 교실에서 숨바꼭질을 하거나 물건을 숨겼다. 급우들에게 지우개를 던지거나 손가락 욕을 하기도 했다. 급우들이 참다못해 사이먼에게 잘못을 지적하면 안 했다고 딱 잡아떼며, 친구들이 또는 내가 어수선하고 정신이 없어 착각한 것이라 몰아붙였다. 사이먼이 한 번씩 이런 식으로 수업 중에 난리를 치면 그날 수업은 공치는 날이다. 같이 수업을 받는 학생들도 서서히 사이먼의 막돼먹은 수업 태도를 따라 했다. 역시 약해 보이면 잡아먹히게 되는 것이다.

비법을 터득하다

드디어 나는 나만의 대처법을 마련했다. '행동수정계획안'에서 제시한 방법들과 그동안의 시행착오 경험들을 토대로 대처법을 세웠다. 우선 사이먼의 학업 양을 최소한으로 줄였다. 공부 욕심을 내려놓은 것이다. 가장 시급한 문제는 사이먼의 공격적이고 예의 없는 태도와 수업을 방해하는 행동을 개선하는 것이었기에 이러한 행동을 유발하는 활동이나 환경을 최대한 제거하였다. 경험 많은 선생님이 "전쟁할 분야를 선택하라(Pick your battle!)"

고 조언을 해 주었다. 즉, 모든 문제행동이나 학교 생활의 문제점을 일시에 다루고 해결하려고 하지 말고, 우선순위를 정해 하나씩 가르쳐 나가라는 뜻이다. 한꺼번에 모든 것을 재빨리 해치우는 속도전에 길들여져 있던 나에게는 이것이 참 낯선 방법이었다. 그러나 잊지 말아야 했다. 사이먼은 일반 학생들과는 다르다는 것을.

하지만 학교는 배움을 위한 곳이고, 사이먼에게는 마땅히 배워야 할 학습내용이 있기 때문에 매번 놀이동산에 놀러 온 것 같이 학교에서 놀고먹고만 할 수는 없는 노릇이었다. 사이먼은 필연적으로 어느 시점에서는 공부를 하다가 거친 말을 내뿜으며 화를 내고, 지루함에 친구들을 방해하는 행동을 할 것은 자명한 일이었다. 그래서 나에게는 사이먼이 거칠게 나올 때 대처할 방법이 필요했다.

먼저, 나에게는 비밀 병기가 있다는 것을 사이먼에게 은근히 선전하였다. 나의 비밀 병기는 매주 금요일마다 사이먼의 엄마에게 보내는 이메일 보고다. 어머니에게 이메일을 보낼 때마다 사이먼의 담임 선생님, 교장 선생님, 행동수정전문가 선생님도

이 이메일을 볼 수 있도록 참고인란에 떡하니 그들의 이름을 넣었다. 이렇게 함으로써 매주 금요일 이메일 보고는 공적인 보고가 되고, 사이먼의 엄마 역시 이 이메일이 학교의 선생님들과 함께 공유되고 있다는 것을 항상 염두에 두는 것이다. 이 이메일은 나중에 혹시나 큰 사고나 고소·고발 사건이 터졌을 때 중요한 근거 자료가 된다. 학교에서 평소에 이 학생의 문제행동에 대해 관심을 가지고 적절하게 대처를 하며 학부모와 연락을 주고받았다는 증거가 되는 셈이다.

또 하나의 비밀 병기는 학교의 선생님들이 한마음 한 팀으로 일한다는 것을 사이먼에게 명확히 보여 주는 것이었다. 초기에 사이먼이 수업 중에 문제를 일으켰을 때, 나는 혼자서 다 짊어지고 해결하려고 하였다. 그러나 사이먼과의 갈등을 여러 번 경험하면서 이것은 사이먼과 나 모두에게 좋은 방법이 아니라는 것을 깨달았다. 사이먼이 일반적인 학생이라면 개인적으로 이야기를 나누며 문제를 해결해 나갈 수 있었겠지만, 그는 보통의 범주를 넘어선 학생이므로 특별한 맞춤형 접근법이 필요하다는 것을 알게 된 것이다. 마치 놀부에게 박통 속의 괴물들이 필요했던 것처럼 말이다. 무전기 SOS 구조요청은 개인 맞춤형 접근법이었다.

우리 학교에서는 모든 선생님에게, 보조 선생님에게까지도 무전기가 지급되었다. 특별한 연락 사항이 있거나 응급 상황이 생겼을 때 무전기로 선생님들끼리 급하게 연락을 주고받는 것이다. 사이먼이 지원실에서 무례한 말을 하여, 생각 책상에 가서 반성문을 쓰라고 지시했는데, 이를 거부하며 헛짓을 하고, 욕을 해 대면, 나는 "사이먼, 셋을 셀 동안 생각 책상으로 가서 반성문을 쓰지 않으면 교장 선생님을 부를 것이다."라고 예고를 한다. 이것은 경고가 아니라 알림이다. 왜냐하면 두 번의 알림 후에도 행동의 변화가 없으면 액션을 취할 것이기 때문이다. 처음에 사이먼은 비웃으며 꿈쩍도 하지 않았다.

"재수 없는 교장 선생님, 오라고 해요. 상관없어요."

나는 조용히 하나, 둘, 셋을 외치고, 곧바로 무전기에 대고 구조를 요청했다.

"미세스 신입니다. 21호실에 응급 상황입니다. 즉시 도움이 필요합니다. 교장 선생님이나 상담 선생님 와 주세요."

이때 학생 이름이나 구체적인 상황을 무전기에 대고 외칠 수는 없다. 개인정보이기 때문이고, 간혹 학교에 자원봉사 나온 학부모나 무전기 가까이에 있는 학생들이 듣고 소문을 퍼뜨릴 수 있기 때문이다. 무전기에 '즉시'나 '응급' 등의 단어를 사용하는 것은 이것이 일상적인 정보 전달이 아니라 시간을 다투는 상황이라는 것을 알려 주기 위한 선생님들끼리의 암호이다.

구조 요청을 들은 교장 선생님과 상담 선생님이 헐레벌떡 달려온다. 이 점이 중요하다. 상담 선생님과 교장 선생님은 이 구조 요청이 얼마나 중요한지, 그리고 특수교육 교실이 21호실이라는 것을 알고 계시기 때문에 이러한 구조 요청이 있으면 늘 달려오셨다. 교장 선생님이나 상담 선생님이 교실 문 앞에 나타나면 사이먼의 태도는 눈에 띄게 달라졌다. 문제행동을 멈추는 것은 물론이요, 무전기로 구조 요청을 한 것이 마치 과잉반응을 한 것 같은 분위기를 연출했다. 그러나 이미 사이먼의 문제행동에 이력이 난 교장 선생님과 상담 선생님은 사이먼의 연극적인 행동에 속아 넘어가지 않았다.

출동한 교장 선생님과 상담 선생님은 사이먼을 지원실에서 데리고 나가 따로 이야기를 나누고, 사이먼의 행동에 상응하는 훈육을 하게 된다. 주로 사이먼의 한풀이 이야기를 들어주고, 사이먼의 기분이 어느 정도 풀리면 그의 행동이 어떤 면에서 잘못되었는지 설명해 주는 것이다. 경우에 따라서는 생활기록부에 문제행동이 기록될 수도 있고, 아니면 가볍게 말로 타이르고 끝나는 경우도 있었다. 사이먼의 이런 행동은 금요일 이메일 보고서를 통해 어머니에게 전달되었다.

또 다른 사이먼 대처법은 보상으로 사이먼이 좋아하는 '레고'를 활용하는 것이었다. 사이먼은 작은 일에 불안해하고, 자신이 주도권을 쥐지 못하는 상황에서 공격적인 반응을 보였다. 그래서 나는 '구글 클래스'에 일주일 동안 지원실에서 공부할 읽기, 쓰기, 그리고 수학 학습 내용이나 학습지를 미리 업로드해 놓고, 사이먼이 이 학습 할당량을 완수하면 언제든지 지원실에서 레고를 가지고 놀 수 있도록 했다. 사이먼이 미리 얼마큼 공부할지를 예상할 수 있게 한 것이다. 초기에는 학습지를 발가락으로 푼 것처럼 엉망으로 풀어 놓았다. 그럼에도 불구하고 사이먼이 공부하는 것을 거부하지 않고 가만히 앉아서 일정 시간 학습지를 끝까지 풀었다는 것에 의의를 두고, 일단 학습량을 채우면 레고를 가지고 놀 수 있도록 하였다. 또 일일 행동기록표에서 80% 이상의 행동 목표를 달성하면 일반학급에서도 5분에서 10분 정도 레고를 가지고 놀 수 있도록 하였다. 다른 학생들이 공부를 하고 있는데도 말이다. 한마디로 특혜를 준 것이다.

이러한 사이먼 대처 전략은 어느 정도 효과를 거두었다. 사이먼을 화나게 하였던 학습 과제들이 사이먼의 수준을 고려해 주어지고, 사이먼이 자신 있어 하는 과제 위주로 주어지다 보니, 사이먼을 맡았던 초기보다는 그의 공격적인 행동이 줄어들었다. 또 사이먼이 자신의 학교 생활이 낱낱이 매주 금요일마다 어머니께 보고되는 것을 알고 있기에 자신의 행동을 절제하는 모습도 보였다. 사이먼은 때때로 왜 엄마에게 이러저러하게 보고하였냐고 따져 묻기도 했다. 그때마다 나는 마음속으로 '야호'를 외쳤다. 그가 금요일 이메일 보고서에 대해 신경을 꽤 쓰고 있다는 것을 알 수 있었기 때문이었다. 무전기 구조 요청의 횟수도 점차 줄어들었다. 이제 사이먼은 분위기 파악을 했다. 사이먼은 자신의 행동에 대한 결과가 즉각적으로 주어진다는 것을 느끼고 있었다.

보조 선생님 없이는 실패

보조 선생님과 사이먼의 갈등

여름방학을 끝내고 8월. 새 학년이 시작되었다. 사이먼은 5학년, 초등학교의 최고 학년이 되었다. 이에 따라 많은 변화가 생겼다. 사이먼은 새 친구들과 선생님들을 만났다. 늘 사이먼 곁에서 그림자처럼 따라다니며 사이먼의 행동을 중재해 주었던 보조 선생님도 바뀌었다. 보조 선생님들은 자주 바뀐다. 중간에 그만두는 선생님들이 많기 때문이기도 하지만 의도적으로 보조 선생님과 학생의 배치를 바꾸기도 한다. 학생들이 지나치게 특정 보조 선생님에게 의존하게 되거나 보조 선생님이 특정 학생에게 감정적으로 집착을 하게 되는 경우를 막기 위해서이다.

5학년 선생님들은 4학년 선생님들에 비해 엄하고 규칙 지키는 것을 강조했다. 나는 기대가 컸다. 4학년 말에 이르러서는 사이먼의 문제행동의 강도와 빈도가 많이 줄었기 때문에 매주 금요일마다 어머니에게 보내던 이메일도 격주로 보내게 되었고, 큰 사건이나 사고 없이 학년을 마무리하였다. 긍정적인 변화가 있었던 것이다. 5학년 선생님들은 엄하고, 규칙 지키는 것을 강조하니 사이먼의 문제행동은 더 잘 관리되고 줄어들 것이라는 생각이 들었다. 게다가 이번 학년에 사이먼을 도울 보조 선생님은 이전에 문제행동을 보이던 학생들을 모아 놓은 특수학급에서 보조 선생님 생활을 했던 경험이 있는 분이라 사이먼을 잘 코치해 줄 것이라 믿었다.

그러나 이러한 기대는 빗나갔다. 사이먼은 새로운 환경에 심한 거부감을 드러냈다. 특히 보조 선생님의 엄한 지도에 적대감을 드러내며 보조 선생님에게 막말을 퍼부었다. 사이먼의 진면목을 아직 알지 못했던 5학년 선생님들은 사이먼의 태도가 보조 선생님의 융통성 없는 지도방법 때문이라고 생각해 일반학급에서 보조 선생님을 내보내기로 결정했다. 물론 보조 선생님과 함께 모여 토의 끝에 결정한 일이었다. 그러나 이러한 결정은 사이먼과 보조 선생님의 관계를 더욱 악화시켰고, 사이먼에게는 약간의 승리감도 안겨 주는 역효과를 가져왔다. 사이먼의 막돼먹은 행동이 결국에는 그가 원하던, 보조 선생님의 간섭을 제거하는 결과를 초래하였기 때문이다.

주요 과목 시간에 보조 선생님을 교실에서 뺀 지 한 달쯤 지나자 5학년 선생님들의 비명이 들려왔다.

"사이먼 때문에 미칠 것 같아요."
"사방 여기저기서 다른 아이들의 사이먼에 관한 불평불만과 하소연이 들려와요."
"뭔가 대책을 간구해야 해요."
"사이먼이 교실에서 하루 종일 아무것도 안 하고 낙서만 해대요."

보조 선생님의 컴백은 있을 수 없는 일이었다. 보조 선생님의 마음이 너무 상한 나머지 다른 학교로 옮겨 갔기 때문이었다. 할 수 없이 다른 학생들을 돌보던 보조 선생님들이 시간표를 조정하여 쉬는 시간과 점심시간에 사이먼을 관리·감독하게 하였다. 그런데 또 다른 문제가 발생하였다. 사이먼이 수업 중 화장실을 엄청나게 자주 가고, 화장실에서 각종 음란한 소리를 지르는 통에 다른 학생들로부터 민원이 쇄도하게 된 것이다. 급기야는 4학년 선생님이 나를 찾아와 무슨 대책을 세우라고 하소연하기에 이르렀다. 5학년 선생님들, 교장 선생님, 상담 선생님이 대책을 세우기 위해 다시 한자리에 모였다.

보조 선생님 없이 꾸려 나가기

모임을 통해 보조 선생님이 없는 상황에서 사이먼의 행동을 관리할 방법들을 궁리했다. 구글 스프레드 시트의 공유기능을 이용하여 사이먼의 행동을 실시간으로 여러 선생님과 어머니와 공유하기로 했다. 구글 스프레드 시트에 시간표를 만들어 사이먼의 행동을 각 시간별로 0, 1, 2로 포인트를 주기로 했고, 0점을 줄 때에는 그 이유를 참고란에 기록하기로 했다. 여기에 덧붙여 매일 노란 경고 쪽지에 사이먼이 경고를 받았을 경우에는 이를 기록하여 다음 시간 선생님에게 전달하기로 했다. 사이먼의 화장실 사용 빈도도 제한하기로 했다. 화장실 이용 스케줄을 만들어 보조 선생님과 내가 번갈아 가며 사이먼을 에스코트하여 화장실을 이용하게끔 결정했다. 그런데 이러한 모든 결정 사항은 우선 사이먼의 엄마와 만나 최종적으로 상의하여 실행하기로 입을 모았다.

　겨울방학이 끝나고, 드디어 사이먼의 어머니, 5학년 선생님들, 행동수정전문가 선생님, 교장 선생님 그리고 사이먼이 한자리에 모였다. 사이먼까지 모임에 초대할 생각은 애초 없었지만, 행동수정전문가 선생님의 강력한 권유로 사이먼까지 미팅에 초대했다. 행동수정전문가 선생님은 사이먼이 5학년이 되었으니, 미팅에 참여하여 자신의 행동들에 대한 다른 사람들의 의견을 듣고, 행동 규칙, 보상 규칙에 대해 자신의 의견을 이야기하며, 자기 결정권과 책임감을 불러일으키는 것이 중요하다고 했다.

　나는 그동안 사이먼의 행동에 대한 데이터를 정리하여 선생님들과 대책 회의에서 결정한 사항들과 더불어 간략하게 파워포인트로 만들었다. 모임에서 이를 보여 주며 그동안 사이먼의 학교 생활 모습과 선생님들과 논의한 내용들을 제시하였다. 사이먼의 악행들의 빈도수가 수치화되어 하늘을 향해 비상하는 상향 곡선의 그래프로 제시되었다. 이에 대해서는 아무도 반박을 할 수 없었다. 미팅에서 오고 가는 말들은 점잖고, 간접적이고, 부드러웠지만 그 속에는 날카로운 분석과 앞으로 이런 식으로 가다가는 어떤 중학교로 진학하게 될지 앞날이 캄캄하다는 무언의 압력이 사이먼과 어머니에게 전달되었다.

사이먼의 어머니는 선생님들과 논의한 모든 내용에 동의했다. 이에 한발 더 나아가, 학교 선생님들과 공유하는 구글 문서에서 하루 중의 행동 포인트가 8점(12점 만점)을 넘지 못하면 집에서 핸드폰이나 컴퓨터 사용 시간을 금지하겠다고 했다. 나는 어머니에게 특수학급에서 이루어질 수업에 대해 설명하였다. 워낙 과제하기를 싫어하는 사이먼이었기에 사이먼이 충분히 할 수 있는 과제들을 일주일 단위로 구글 문서로 올려놓고, 이 과제들을 완수하면, 그것이 월요일이 되었든, 금요일이 되었든 특수학급 교실에서 레고나 하고 싶은 활동, 게임 등을 할 수 있게 하겠다고 설명했다.

모임 이후, 사이먼의 행동은 한동안 잠잠했다. 구글 스프레드시트를 활용한 사이먼의 행동기록표는 효과적이었다. 모든 선생님이 한동안 성실하게 사이먼의 행동을 기록해 주었다. 이제야 한숨 돌렸다는 생각이 들었다. 그러나 한 달쯤 지나니 구글 스프레드 시트에 사이먼의 행동을 매시간마다 체크하는 것이 좀 느슨해졌다. 사이먼은 화장실에 가서는 시간을 마냥 끌었고, 선생님들의 구글 스프레드 시트에 기록하는 것이 일관성 있게, 철저하게 진행되지 못하니 사이먼의 막말 퍼레이드 및 수업 시간에 딴짓은 지속되었다.

4학년 때부터 사이먼과 함께 생활을 했던 친구들은 이제 사이먼의 심술에 지쳤는지, 사이먼 곁에 잘 가지 않았고, 사이먼과 말을 섞으려 하지도 않았다. 사이먼이 줄을 설 때 새치기를 하면, 그냥 그러려니 하고 무시했고, 사이먼이 욕을 하면 아무 대꾸도 하지 않고 다른 곳으로 피했다. 사이먼은 중간놀이 시간이나 점심시간에 남자아이들과 놀기보다는 말괄량이 여자아이들 그룹에 끼여 놀거나 혼자서 모래놀이를 했다. 다른 친구들이 맞장구를 치거나 싸움을 받아 주지 않으니 교장 선생님에게 불려가거나 생활기록부에 남을 만한 큰 사건은 없었다.

그러나 사이먼의 학업성적은 날이 갈수록 떨어졌고, 동급생과의 학업 격차는 점점 더 벌어졌다. 이러한 학업 격차는 사이먼의 학업 흥미도를 더욱 떨어지게 만들었고, 사이먼은 수업 시간에 주어진 과제나 활동에 참여하지 않고 방관자적인 태도를 보였다. 어떻게 해서든지 사이먼을 설득하거나 야단을 치거나 해서 조금이라도 과제를 하게끔 노력을 기울였던 5학년 선생님들도 사이먼의 반항적인 태도가 거세지고 과제가 점점 어려워지다 보니 사이먼에게 과제를 한두 번 권하고는 사이먼이 거부하면 그냥 놔두는 지경이 되었다.

미국 학교 문화의 영향도 컸다. 선택과 책임을 강조하는 미국에서는 학생들에게 아무리 좋은 활동이나 학습내용이더라도 억지로 시키지는 않는다. 꼭 스스로 선택하게끔 한다. 대신 선택에 대한 냉정한 결과, 점수는 각오하라고 말해 준다. 이리하여 사이먼의 성적은 'Fail'로 곤두박질쳤다. 선생님들이 사이먼의 수준에 맞추어 과제를 조정해 주고, 제출 일을 충분히 주었는데도 사이먼이 성의를 보이지 않아서인지, 사이먼이 특수교육 대상자임에도 불구하고 점수를 매길 때 봐 주기는 없었다.

한국적인 문화에서 본다면 선생님들이 최선을 다하지 않는다는 둥, 학생을 방치하는 것이 아닌가라고 생각할 수도 있겠다.

그러나 학교라는 단체생활의 환경에서는 이것이 선생님들이 할 수 있는 최선이라고 볼 수도 있다. 담임 선생님들은 학급 전체를 안전하게 이끌어 가며 교육을 해야 하기 때문에 사이먼 한 사람에게만 매달려 있을 수는 없다.

사이먼의 문제행동을 '관리'하는 것이 익숙하지 않았던 미술 선생님은 엄청난 스트레스를 받았다. 사이먼은 미술 시간을 좋아하지 않았다. 만화 그리기를 좋아하였지만 같은 미술이어도 다른 사람이 이렇게 그려라 저렇게 그려라 하는 것을 참지 못했다. 사이먼은 미술 시간에 주어진 미술 활동에는 관심을 보이거나 참여하지 않고 자신이 하고 싶은 만화 캐릭터를 그리려고 하였다. 미술 선생님은 이에 대해 지적을 하며, 미술 활동에 참여할 것을 독려했는데, 결국 이것이 사이먼을 화나게 만들었다. 사이먼은 주 특기인 이상한 소리내기, 친구들의 작품에 막말 품평하기, 지우개 던지기 등등 미술 선생님을 열받게 하는 행동을 지속했다.

결국 미술 선생님은 깨닫게 되었다. 1000%라는 에너지를 투입하여 사이먼이 주어진 과제를 하게끔 이끌 것인가—이 과정에서 엄청난 언어폭력이 발생하고, 나머지 학생들은 방치될 가능성이 있다—아니면 사이먼이 과제를 할 수 있도록 초대의 메시지를 보내고, 그다음은 그가 선택하도록 맡겨 놓은 후에 나머지 활동에 참여하고자 하는 학생들을 데리고 수업을 진행할 것인가를 결정해야 했다. 5학년 수업을 딱 두 번 남긴 학년 말에 미술 선생님은 드디어 후자를 선택하고 마음의 평화를 얻었다.

사이먼을 통해 얻은 교훈

사이먼을 생각할 때 절반의 성공이라는 말이 떠오른다. 일 년 반 동안의 교육과 여러 가지 방법이 과연 사이먼에게 효과적이었나에 대해 깊은 고민이 있었음을 잘 알고 있는 학교심리상담 선생님(School Psychologist)에게 이 질문을 던졌다. 학교심리상담 선생님은 이렇게 말했다.

"신 선생님, 사이먼이 3학년 때에는 교실에 가만히 앉아 있지도 못했어요. 보조 선생님이 항상 사이먼 바로 옆에 앉아 지키고 있을 정도였지요. 어떤 때에는 학교에 의도적으로 오줌을 지린 옷을 입고 와서 친구들의 원성을 사기도 했답니다. 보건실에 가서 다른 옷으로 갈아입혀야 할 정도였어요. 그때에 비하면 지금은 정말 많이 나아진 것이랍니다."

항상 희망과 격려를 주는 학교심리상담 선생님의 말이 다소 위로가 되었다. 그러나 지난 일 년 반 동안의 노력이 사이먼의 상태를 더 나아지게 한 것이 아니라 그냥 악화되지 않게 관리만 한 것은 아닌가 하는 자괴감이 들었다. 그 이유는 중학교 진학지 도를 하면서 결국에는 사이먼을 일반 중학교의 특수반으로 진 학하도록 결정했기 때문이다. 이것은 사이먼이 진학할 중학교의 특수교육 교사와 행동수정전문가 선생님과 상의해서 내린 것이 었다. 일반적으로 학습장애나 기타 건강장애(ADHD), 또는 고기 능 자폐 스펙트럼 장애를 지닌 학생들이 일반 초등학교에서 중 학교로 진학할 경우, 중학교에서 100% 통합수업인 협력수업을 받게 된다.

중학교에서 특수교육 대상 학생들을 위한 협력수업은 특수교 육 선생님이 일반 수업에 들어가 특수교육을 받는 학생들을 옆 에서 돕는 방식의 수업이다. 이런 방식으로 중학교 생활을 진행 하다가 도저히 일반학급 수업에 적응하지 못하면, 그때 부모님 과 상의하여 특수교육 교실에서 주요 과목 수업을 특수교육 선 생님에게 받게 된다. 그런데 사이먼은 이러한 과정을 거치지 않 고 중학교 첫 학기부터 곧바로 특수교육 교실에서 주요 과목 수업을 받기로 결정한 것이다. 안전의 문제 때문이었다.

결국 사이먼의 학교 생활은 또래 친구들에게서 점점 고립되는 방향으로 나아가게 되었다. 왜 이런 결정을 내리게 되었는지는 충분히 이해가 된다. 그리고 경험이 많은 행동수정전문가 선생님은 사이먼이 우리 학교로 전학 온 첫날부터 그가 누군가의 지속적인 관리와 감독이 없이는 어디로 튈지, 어떤 엄청난 사고를 저지를지 알 수가 없고, 사이먼의 이러한 품행장애 성향은 단순한 교육이나 설득으로는 나아지지 않는다는 것을 예상하고 있었던 것 같다.

나는 특수교육 교사로서 어떻게 했어야만 했는가?
다시 처음 사이먼이 전학을 올 때로 돌아간다면 어떤 점들을 다르게 했을까?

제일 먼저 사이먼을 맡았던 기존의 선생님들이 보내 준 각종 문서와 서류를 꼼꼼하게 읽어서 사이먼의 과거 행적을 잘 파악하고 있어야 했다. 그랬다면 초창기에 저지른 실수를 방지할 수 있었을 것이다. 사이먼과의 첫 대면에서 주도권을 놓치지 말았어야 했는데, 나는 영어가 모국어가 아니라는 것에 너무 위축된 나머지 여러 가지 약점을 노출하고 말았다. 사실 미국에 사는 본토인들은 워낙 외국인들을 많이 접하다 보니, 영어 발음이 서툴다거나 문화적으로 생소한 것에 너그러운 경향이 있다. 주어진 일을 성실하게 잘해 나가고 의사소통이 되면 영어 발음이나 표현의 어색함을 크게 문제 삼지 않는다. 나 혼자만의 생각으로 위축되었던 것이다,

둘째는 사이먼에게 규칙을 정확하게 인식시키고, 선생님은 규칙에 의해 움직이는 사람이라는 것을 보여 주었어야 했는데 그렇게 하지 못하였다. 다행인 것은 그래도 늦게나마 이것을 깨닫고 규칙대로 사이먼을 대한 것이다.

셋째는 사이먼의 어머니와 계속해서 긴밀한 연락을 주고받았어야 했다. 사이먼이 5학년이 되어서는 경험이 많은 5학년 선생님들을 너무 믿고, 어머니와의 연락을 그들에게 맡기고 손을 떼었던 것이 큰 실수였다. 사이먼의 경우, 어머니가 매우 적극적으로 학교의 결정에 따르고 협력했지만, 어머니 또한 많은 정신적·사회적 도움을 필요로 하는 분이었다. 구글 스프레드 시트를

공유하며 매일 사이먼의 행동점검표의 통계를 보게 하는 것만으로는 충분하지 못했다. 행동점검표의 숫자들이 무엇을 의미하는지, 앞으로 어떻게 사이먼을 코치해야 하는지에 대한 설명과 대화가 필요했던 것이다.

넷째는 사이먼의 문제행동이 규칙적이고 정돈된 환경에서는 잘 드러나지 않지만, 감독이 소홀하거나 만만한 대상 앞에서는 언제나 다시 발현될 수 있다는 사실을 선생님들에게 충분히 알려 드리지 못했다는 것이다. 그래서 학년 초에 교실에서 사이먼을 돌보던 보조 선생님을 교실 밖으로 내보냈던 것이었다. 나는 이 일을 몹시 후회한다. 이렇게 함으로써 사이먼에게 무례한 행동이나 도를 넘는 언어폭력을 통해 자기가 원하는 것을 얻을 수 있다는 의도치 않은 메시지를 주었던 것이다. 사이먼의 경우, 누군가가 지켜보고 있을 때와 그렇지 않을 때 매우 다른 행동을 할 가능성이 있었는데, 학년 초에는 선생님들 모두가 이런 면을 간과하고, 그래도 사이먼이 아직 어린아이인데 교활하게 행동해 보았자 어느 정도겠지라는 안이한 생각에 빠져 있었던 것이다.

자료 1. 빈도수 체크 관찰 기록표 및 수업활동 이탈 시간 기록표

* 행동 관찰 기록표 - 빈도수 체크

사이먼의 행동을 관찰 기록한 점검표이다. 목표 행동의 빈도수를 30분 단위로 체크하여 엑셀 표에 기록한다. 이를 통해 학기마다 통계를 내어 행동에 개선이 있는지를 파악한다. 보통 행동의 빈도수 체크는 보조 선생님이 하며, 보조 선생님이 배치되지 않은 상황에서는 담임 선생님이 한다.

* 수업활동 이탈 시간 기록표

수업활동을 몇 번, 얼마 동안 이탈하였는지를 기록한다. 수업활동 이탈 총 시간은 관찰 대상이 되는 학생이 일반학급에서 수업을 받는 것이 유익한지 아닌지를 판단하는 중요한 근거가 된다. 즉, 총 수업활동 시간의 20%(교육청마다 규정이 다르다) 이상을 활동에 참여하지 못한다면 일반 교실에서 소속되어 통합수업을 받는 것이 과연 학생을 위해 유익한 결정인지를 점검할 필요성이 생기는 것이다. 내가 속한 교육청의 경우 학생의 일반학급 통합 정도를 A, B, C 등급으로 나누어 A 등급의 경우는 일반학급에 소속되어 있으면서 잠깐 특수교육 교실에서 특수교육 교사에게 수업을 받는 정도이며, C 등급의 경우 전일제 특수학급에 소속되어 있으면서 참여 가능한 수업 시간에만 일반학급에 가서 수업을 받는 것으로 되어 있다. B 등급의 경우는 사례별로 학급 배치를 결정한다.

A 등급 - 일반학급에서 80% 이상의 시간을 보낸다.
　　　　　특수학급에서 보내는 시간은 대략 일일 85분 미만이다.
B 등급 - 일반학급에서 40~79% 이하의 시간을 보낸다.
　　　　　특수학급에서 보내는 시간은 대략 86~246분 미만이다.
C 등급 - 일반학급에서 40% 미만의 시간을 보낸다.
　　　　　특수학급에서 보내는 시간은 대략 247~410분 정도이다.

시간별 행동점검표 - 빈도수 체크

학생 이름: _____   날짜: _____

시간 ＼ 행동	공격적인 언어 사용	지시를 따르지 않음	기타
~7:30			
~8:00			
~8:30			
~9:00			
~9:30			
~10:00			
~10:30			
~11:00			
~11:30			
~12:00			
~12:30			
~1:00			
~1:30			
~2:00			
칭찬할 만한 행동 (긍정적인 행동들)			

> 통계를 내고자 하는 위험 행동을 적는다.

> 행동의 빈도수를 正 또는 tally mark로 표기한다. (tally mark=〃)

> 해당 시간대에 발생한 특이한 사항들이나 참고할 사항들을 적는다.

수업활동 이탈 시간 기록표

학생 이름: ....   날짜: ....

■ 시간표상에 기록된 또는 미리 계획되지 않은 정규 활동 이탈 시간을 모두
　기록함

활동 이탈 시각: 활동 복귀 시각: 이탈한 총 시간: 분 이유:	활동 이탈 시각: 활동 복귀 시각: 이탈한 총 시간: 분 이유:

> 수업 중 화장실을 간 시각, 위험 행동으로 인해 급우들과 분리 조치된 시각, 교실에서 도망쳐서 방황한 시각 모두를 기록한다. 단, 미리 계획하여 스케줄을 짠 휴식 시간이나 상담 시간은 기록하지 않는다. 즉, 교육적 목적으로 계획하여 수업에 참여하지 못한 시간은 기록하지 않는다.

활동 이탈 시각: 활동 복귀 시각: 이탈한 총 시간: 분 이유:	활동 이탈 시각: 활동 복귀 시각: 이탈한 총 시간: 분 이유:
활동 이탈 시각: 활동 복귀 시각: 이탈한 총 시간: 분 이유:	활동 이탈 시각: 활동 복귀 시각: 이탈한 총 시간: 분 이유:
활동 이탈 시각: 활동 복귀 시각: 이탈한 총 시간: 분 이유:	활동 이탈 시각: 활동 복귀 시각: 이탈한 총 시간: 분 이유:

자료 2. 긍정적 행동지원계획서

'행동지원계획서(Behavior Support Plan)'란 문제행동을 하는 학생의 문제행동을 분석하여, 행동의 변화를 일으키기 위해 구체적으로 어떤 지원과 전략으로 학생을 도울 것인지에 대한 계획서이다. 행동수정전문가 선생님, 담임 선생님 또는 특수교육 교사가 6주 이상의 관찰을 통해 데이터를 수집한 후, 행동지원계획서를 작성하여 학부모, 교장 선생님, 행동수정전문가, 그리고 담임 선생님과 함께 만나 계획을 확정 짓는다. 상황에 따라서 계획서를 매 학기마다 업데이트하기도 한다. 대체로 해당 학생이 특수교육을 받고 있는 학생이라면 개별화 교육계획안을 업데이트할 때 긍정적 행동지원계획서도 함께 업데이트한다.

다음 계획서는 사이먼이 전학 오기 전, 3학년 때 기록된 것이다. 개인정보를 위해 날짜, 이름 등은 실제와 다르게 하였다.

행동지원계획서

■ 학생 자신 및 타인의 학습을 방해하는 행동들의 개선을 위한 계획

- 학생이름: 사이먼
- 학교: 우주초등학교 3학년
- 개별화 교육계획안 검토일: 10/2/20**
- 행동수정계획안 검토일: 10/2/20**

> 출석 확인용 표다. 이 계획서를 관련된 교육자와 학부모가 모두 동의했다는 것을 증명한다.

이름	관계 / 직위	서명
메리	부모	
게일	담임교사	
앤서니	특수교육 교사	
엘리자베스	행동수정전문가	
빈센트	상담교사	
로사	사회복지사	
제니퍼	언어치료사	

해당란에 체크하시오.

- 일반학급 소속(General Education) ....
- 특수교육 대상자 ..... ✓ ....　　　　장애명: 정서장애
- 개별화교육계획안 유효일: 10/2/20**
- 504 계획 .... 날짜: ....

> 해당 학생이 일반 학생인지, 특수교육을 받고 있는 학생인지 아니면 ADHD로 인해 504 plan으로 관리받고 있는 학생인지를 체크한다.

> 사이먼의 경우 특수교육 대상자가 되기 전부터 행동지원계획 아래 관리받고 있었지만, 행동이 나아지지 않아 특수교육 진단 검사를 통해 특수교육을 받게 되었다. 이 문서는 개별화지원계획 모임을 할 때 기존의 행동지원계획을 업데이트한 것이다.

관찰된 위험 또는 수업 방해 행동들

관찰된 행동들	목표 행동(대체되어야 할 행동)
• 과제 안 하기 / 선생님 말씀 안 따르기 • 말대꾸하기, 선생님의 지시 안 따르기, 수업 시간에 교실을 어슬렁거리며 다니기, 특정 물건에 집착하기, 급우들의 학습 방해하기, 수업 중 소리내기, 수업을 방해하는 행동하기, 수업에 집중하지 않기	• 사이먼은 선생님의 지시를 따른다. • 사이먼은 급우들이 학습을 잘할 수 있도록 협조한다.
• 자기 자신과 급우들을 향한 부정적인 상호관계 형성: 사이먼은 지속적으로 자기 자신에 대해 부정적인 말을 했다. 예를 들면, "나는 돌머리예요. 전 못해요. 이것을 어떻게 하는지 모르겠어요." • 사이먼은 급우들에게 부적절한 말과 행동을 하였다.	• 사이먼은 급우들과 긍정적인 관계를 형성한다. • 사이먼은 화가 나거나 신경질이 났을 때 자신의 감정을 잘 조절하는 방법들을 사용한다.

> 영어의 원 제목은 'Observable description of behavior that is impeding learning and resulting in positive behavior support plan'이다. 풀어서 쓰자면 행동지원계획을 세울 만큼 심각한 행동들이다. 구체적으로 관찰된 행동만을 적어야 하며 2가지 항목 이상을 넘지 말 것을 권한다. 너무 많은 항목들을 적으면 목표를 세우고 실행 계획을 세우는 것이 복잡하여 적용 가능성 및 성공 가능성이 떨어지기 때문이다.

영어로는 'Summary of baseline data of target behavior'이다. 즉, 개선을 필요로 하는 행동의 빈도 수 데이터를 말한다.

행동 데이터 분석 결과

규칙이나 지시를 따르지 않음

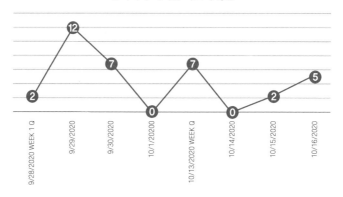

규칙이나 지시를 따르지 않음 - 시간대별

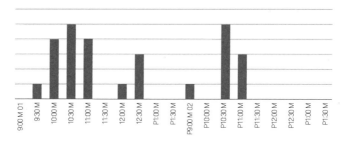

규칙이나 지시를 따르지 않음 - 요일별

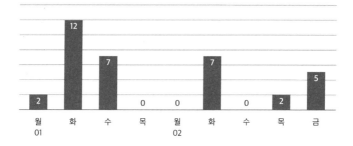

부정적인 언어 사용

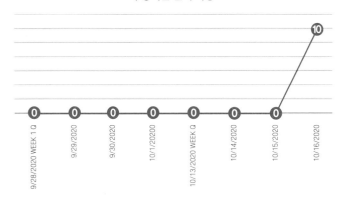

부정적인 언어 사용 - 시간대별

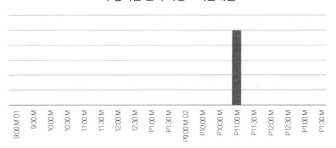

부정적인 언어 사용 - 요일별

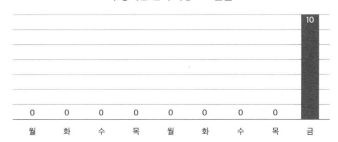

* 행동 목표

> 개선을 원하는 행동의 목표를 설정한다. 목표를 기술할 때에는 목표의 달성 여부를 확인할 수 있도록 구체적으로 기술해야 하며 대체로 수치화해서 측정 가능하도록 기술한다.

- 성인이 지시를 내렸을 때, 사이먼은 지시를 따른다. 사이먼의 지시를 따르지 않는 행동을 하루 5회 이하로 줄임으로써 행동의 개선을 측정하며, 사이먼의 행동은 관찰표에 기록하고, 관찰 결과는 매 학기마다 보고한다.

- 화가 나거나, 신경질이 나거나 당황했을 때, 사이먼은 어른의 도움을 통해 또는 스스로 감정을 조절하는 방법들을 이용한다. 사이먼의 감정 조절 행동의 개선은 부정적인 언어 사용 횟수를 주당 3회 이하로 줄임으로써 행동의 개선을 측정하며, 이는 관찰표에 기록하고, 매 학기마다 보고한다.

* 행동 데이터 수집 영역

- '규칙이나 지시를 따르지 않기'와 '부정적인 언어 사용'에 대해 일일 데이터 수집
- 학생생활기록부에 기재된 학생지도 사항

문제행동을 유발할 수 있는 상황에서 도움이 되는 방법들

선행사건들(문제행동을 유발하는 특정 사람, 사건, 또는 환경), (문제행동이 일어나기 직전에 어떤 일이 있는가?)	Antecedents란 사건이나 위험 행동이 발생하기 직전에 일어난 일들을 말한다. 선행사건이 무엇인지를 파악하면 위험 행동의 패턴을 알게 되어 위험 행동을 완화하거나 막을 수 있는 대책을 세울 수 있다.	선행사건들이 문제행동으로 발전하지 않도록 도움을 주는 전략들 Description of Supports to Address the Antecedents
어렵거나 싫어하는 과제가 주어졌을 때		• 선택권 주기 • '먼저 / 그다음에' 전략 사용하기 • 과제를 쪼개 주기 • 과제를 하지 않으면 일어날 결과를 알려 주고, 그에 대해 책임지게 하기―과제 회피 행동을 직접적으로 지적하기 • 화를 유발하는 단어 사용하지 않기(~하지 말아라. 그만해라, 안 돼 등등) • 긍정적인 언어 사용하기―우리가 함께해야 할 일이 무엇인지를 말하기 • 관심을 끌려고 하는 말이나 행동 무시하기 • 파워 게임에 말려들지 말기
잘못을 지적하고 훈계를 할 때		• 중립적인 말을 사용하기 • 개인적으로 이야기하기―관중이 없는 환경에서 • 미소를 지으며 말하고 되도록이면 격려하기 • 감정을 조절하는 데 도움이 되는 방법들이 적힌 시각 자료를 제시하기
배가 고플 때		• 간식 주기―배고픔을 해소하기 • 보상으로 간식을 이용하기(Allow Silas to earn snack as reinforcement) • '먼저 / 그다음에' 전략 사용하기(먼저 수학 문제 3개 풀고 그다음에 간식 먹기) • 특수교육 교실에서 아침 식사하도록 허락하기

쉬는 시간과 점심시간	• 수업 이외의 시간에는 근접한 거리에서 어른의 감독이 있어 야 함(항상 어른의 감독이 있어야 함을 의미하는 문구). • 경우에 따라 급우들과 분리되어 쉬는 시간 및 점심시간을 보 내야 함. • 교실 밖에 있을 때에는 어른의 도움 및 감독이 요구됨. • 상담 선생님과의 소그룹 활동이나 놀이활동이 도움이 됨. • 급우들과는 다른 시간에 쉬는 시간을 보낼 수 있음.
음악, 미술, 체육, 도서관 시간	• 사이먼에게 심부름을 시키거나 도우미 역할을 제공 • 개인적으로 훈계하기 • 전략적으로 접근하기—한두 가지 중요한 행동 개선에만 집중 하고 나머지 수준 미달 행동에 대해서는 관대하게 대하기 • '먼저 / 그다음에' 전략 사용하기 • 보상제도를 잘 활용하여 사이먼에게 어떻게 하면 보상토큰을 얻을 수 있는지 수시로 상기시키기

* 부정적 행동을 대체하기 위한 긍정적인 강화물
― 순차적으로 적용하기

• '잘했어요' 표를 4개 이상 받으면 종례 시간 전에 '자유시간'을 주기
• 모든 수업 시간, 쉬는 시간에 긍정적인 행동을 보였을 경우 '잘했어요' 표를
얻을 수 있음.

* 지시를 따르지 않는 행동

• 사이먼이 지시를 따르면 칭찬하기
• 사이먼이 적절하지 않은 행동을 할 때, 현재 하고 있는 행동을 계속하거나
바람직한 행동을 할지 선택권을 주기(예를 들면, 사이먼에게 바닥에 엎어져
계속 뒹굴고 있든지 아니면 일어서서 모둠활동에 참여할지 선택하라고 말
해 줌)
• 선택권이 주어졌을 때 계속해서 부정적인 행동을 지속하고자 한다면, 사이
먼의 문제행동을 무시하기. 사이먼은 관심을 끌려고 부정적인 행동을 한다.
만약 이때 계속해서 지시를 내리거나 똑바로 하라고 훈육을 한다면 사이먼

이 원하는 관심을 주는 셈이 된다(단, 부정적인 행동을 지속하면 칭찬 스티커를 얻을 수 없고, 활동을 끝낸 후 주어지는 여러 가지 보상 활동에 사이먼은 참여할 수 없다는 규칙은 고수할 것).

- 선택권이 주어졌을 때, 바람직한 선택을 한다면, 예를 들어 모둠활동에 참여하기로 하였다면 사이먼을 칭찬한다. 이때 차분하고, 감정이 드러나지 않는 목소리를 사용한다. 지나치게 관심을 나타내는 칭찬을 하지 않도록 주의한다.
- 만약 사이먼이 선택을 한 후, 또다시 지시를 따르지 않는다면, 사이먼에게 교실 안에서의 '타임아웃'을 준다(미국에서는 '타임아웃'이라는 용어를 사용하지 않고 'Refocus', 즉 정신을 다시 가다듬는 시간이라는 의미의 용어를 사용한다. 그러나 결론적으로 이것의 역할은 타임아웃과 동일하다).
- 만일 사이먼이 '타임아웃' 장소로 가지 않으려고 하거나 소란을 피우며 수업을 방해하면, 무전기로 도움을 요청한다. 무전기를 듣고, 선생님들이 달려오면 사이먼을 교실 안에 있는 '타임아웃' 자리로 이동시켜 타임아웃을 하게 한다. 사이먼이 타임아웃을 무사히 마치면 그를 칭찬한다.

* 자신이나 타인과 부정적인 상호작용을 할 때

사이먼이 부정적인 언어를 사용하였을 경우, 그 말을 대체할 만한 일상적인 언어로 다시 말해 준다. 예를 들면, 친구들에게 "입 닥쳐!"라고 말을 하였다면, 선생님은 사이먼에게 "조용히 좀 해 주겠니?"라고 다시 말해 준다.

- 사이먼이 선생님이 제시한 일상적인 언어로 고쳐서 말하였을 경우 칭찬해 준다.
- 사이먼에게 그의 행동과 말투(목소리의 톤, 행동거지)가 다른 사람들이 어떤 식으로 받아들일지를 설명해 준다.
- 만일 두 번의 지적 이후에도 사이먼이 지속적으로 부정적인 말이나 행동을 자신 또는 타인에게 보여 준다면 '타임아웃' 위치로 보낸다.

교육청에 보조 선생님 배치를 요청하기 위해서는 다음과 같은 요구 분석표를 작성하여 어떤 과목 시간에 왜 보조 선생님의 도움이 필요한가를 증명해야 한다. 요구 분석표는 학생이 학교 생활 중 어느 정도의 지원이 필요한지를 기술한 문서이다. 이 문서를 토대로 어느 시점에서 지원을 줄이고 학생이 스스로 학교 생활을 영위해 나아갈지를 계획한다. 보조 선생님이나 기타 지원을 제공할 때에는 지원을 점진적으로 줄여 나갈 방법들도 염두에 둔다.

학생 요구(필요) 분석표

- 학생명: 사이먼
- 학교: 우주초등학교 3학년

이름	관계 / 직위	서명
메리	부모	
게일	담임교사	
앤서니	특수교육 교사	
엘리자베스	행동수정전문가	
빈센트	상담교사	
로사	사회복지사	
제니퍼	언어치료사	

* 모임 개요

날짜	모임 목적	참석자	내용/결정된 사항
10/2/20**	학생의 필요 분석	메리, 게일, 라일라, 빈센트, 로사, 제니퍼	사이먼의 필요를 분석하고 교육청에 이메일로 보조 선생님 지원을 요청함.

* 파트 1: 학생의 요구분석

	자립적으로 할 수 있는 분야	추가 인력 배치 없이 학습 내용 수정을 통해 학생이 스스로 할 수 있는 분야	수업참여에 장애가 되는 요소들	필요한 도움
읽기	• 교사가 교과서 지문을 읽을 때 따라 읽을 수 있다. • 소리 내어 읽기 능력이 우수하다. • 읽은 내용을 자기 말로 다시 말할 수 있다.	• 2학년 수준의 지문을 읽고 독해와 관련된 질문에 답할 수 있다.	• 자기 자신에 관한 부정적인 언어 사용, 급우나 교사들을 향한 부적절한 행동과 언어 • 언어발달지연으로 인해 학년 수준의 읽기와 독해 능력이 어려움	• 학습 과제들의 난이도를 조정해 주기 • 특수교육 교실에서 수업받기 • 보충수업받기 • 학습활동을 할 때 서두르지 말고 차분히 하도록 도움받기
읽기 소그룹 시간	• 특수교육 교실로 가서 수업받기			

쓰기	• 글쓰기 주제 생각하기 • 문장 부호 바르게 사용하기	• 문법에 맞는 문장 쓰기(예시나 문장의 첫머리를 주었을 때 문장을 올바르게 완성할 수 있음)	• 자기 자신에 관한 부정적인 언어 사용, 급우나 교사들을 향한 부적절한 행동과 언어 • 언어발달지연으로 인해 학년 수준의 글을 이해하는 어려움 있음. • 글쓰기 분야에 학습장애가 의심됨.	• 글쓰기 과제의 난이도를 조정해 주기 • 특수교육 교실에서 수업받기 • 보충수업받기 • 학습활동을 할 때 서두르지 말고 차분히 하도록 도움받기
수학	• 받아내림이 없는 2자릿수 또는 2자릿수의 덧셈과 뺄셈		• 자기 자신에 관한 부정적인 언어 사용, 급우나 교사들을 향한 부적절한 행동과 언어. • 언어발달지연으로 인해 학년 수준의 글을 이해하는 어려움 있음. • 수학 논리추리 영역 및 계산 영역에 학습장애 의심됨.	• 과제의 난이도를 조정하기 • 특수교육 교실에서 수업받기 • 보충수업받기 • 학습활동을 할 때 서두르지 말고 차분히 하도록 도움받기
수학 소그룹 시간	• 특수교육 교실로 가서 수업받기			

과학	• 교사의 도움을 받으며 과학 활동의 단계 따라 하기	• 쉬운 수준의 읽기 및 쓰기 활동이 가능(교사의 난이도 조절이 요구됨)	• 자기 자신에 관한 부정적인 언어 사용, 급우나 교사들을 향한 부적절한 행동과 언어 • 언어발달지연으로 인해 학년 수준의 글을 이해하는 어려움 있음.	• 학습활동의 난이도 조절이 요구됨. • 감독·관리가 요구됨. • 서두르지 말고 차분히 활동에 참여하도록 독려가 필요함.
사회	• 활동의 단계를 따라 할 수 있음	• 쉬운 수준의 읽기 및 쓰기 활동이 가능(교사의 난이도 조절이 요구됨)	• 자기 자신에 관한 부정적인 언어 사용, 급우나 교사들을 향한 부적절한 행동과 언어 • 언어발달지연으로 인해 학년 수준의 글을 이해하는 어려움 있음.	• 학습활동의 난이도 조절이 요구됨. • 감독·관리가 요구됨. • 서두르지 말고 차분히 활동에 참여하도록 독려가 필요함.
교실 이동시	• 안전상의 이유로 감독 없이 혼자 이동할 수 없음.			• 일대일 감독이 요구됨.
미술	• 감독 없이 예체능 시간에 참여할 수 없음(안전하지 않은 행동을 유발하는 이유로 인함).		• 자기 자신에 관한 부정적인 언어 사용, 급우나 교사들을 향한 부적절한 행동과 언어	• 감독·관리가 필요함.

음악	• 감독 없이 예체능 시간에 참여할 수 없음(안전하지 않은 행동을 유발하는 이유로 인함).		• 자기 자신에 관한 부정적인 언어 사용, 급우나 교사들을 향한 부적절한 행동과 언어	• 감독 · 관리가 필요함.
체육	• 감독 없이 예체능 시간에 참여할 수 없음(안전하지 않은 행동을 유발하는 이유로 인함).		• 자기 자신에 관한 부정적인 언어 사용, 급우나 교사들을 향한 부적절한 행동과 언어	• 감독 · 관리가 필요함.
점심시간	• 점심 당번 선생님의 각별한 관찰 및 감독이 요구됨(안전하지 않은 행동을 유발하는 이유로 인함).		• 자기 자신에 관한 부정적인 언어 사용, 급우나 교사들을 향한 부적절한 행동과 언어	• 일대일 감독이 요구됨.
쉬는 시간	• 놀이시간 당번 선생님의 각별한 관찰 및 감독이 요구됨(안전하지 않은 행동을 유발하는 이유로 인함).		• 자기 자신에 관한 부정적인 언어 사용, 급우나 교사들을 향한 부적절한 행동과 언어	• 일대일 감독이 요구됨.

자료 4. 토큰 차트(보상제도)

사이먼에게 긍정적인 행동을 북돋우기 위해 사용한 토큰 차트이다. 매 시간마다 사이먼의 긍정적인 행동에 대해 별표를 주고 이를 합산하여 일정 개수의 별표를 획득하면 원하는 활동을 선택해서 할 수 있게끔 하였다.

* 사이먼의 성공차트

날짜:	월	화	수	목	금
특별수업	음악	미술	컴퓨터	도서관	체육
국어					
쉬는 시간/ 점심시간					
사회/과학					
수학					
오후 쉬는 시간/종례					
일일 합계					

*사이먼이 과제를 하며, 존중하는 태도를 보이면 추가로 별표를 얻을 수 있음.
- 경고 없이 과제 완성: 별표 2개
- 경고 1번 이하로 과제 완성: 별표 1개
- 하루 동안 7개 이상의 별표 획득: 재미난 활동 1개 선택

> **교과목 선생님들께**
> 수업 시간 중에 이 차트에 별표를 기록한 후, 다음 수업 선생님께 넘겨 주세요. 수업 중 특이사항이 발생하거나 담임 선생님이 꼭 알아야 할 사항이 있으면 이 차트에 메모해 주십시오. 종례 시간 전까지 이 차트를 담임 선생님이신 _____ 선생님의 책상 위에 올려놓아 주세요.

학교 상품권

미세스 신 교실에서 10분간
레고 놀이하기

미세스 신 수업 시간에 10분간
컴퓨터 게임하기

미세스 신 수업 시간에 10분간 색칠놀이
또는 낙서 시간 갖기

자료 6. 사이먼의 어머님에게 보낸 이메일의 예

미세스 글라크께

안녕하세요? 평강하시길 기원합니다.

매주 금요일 오후, 사이먼 지원팀은 어머님께 일주일간의 사이먼의 생활을 간략히 알려 드리고자 합니다. 일주일간 수집된 자료를 함께 공유하며 발전의 길을 모색하고자 합니다.

먼저, 지원팀 선생님들은 사이먼이 '선생님 말씀에 순종하기' 목표에 조금씩 긍정적인 변화를 보이는 것에 기뻐하고 있습니다. 비록 사이먼이 수업에 집중하라는 말을 선생님으로부터 들었을 때 부정적인 말을 하기는 했으나 사이먼이 결국에는 선생님의 지시대로 수업 중 주어진 과제를 일정 부분 했다고 들었습니다. 한 가지 더 보탤 기쁜 소식은 이번 주에 사이먼이 수업 시간에 이상한 신음소리를 내지 않았다는 것입니다. 사이먼이 수업 중 선생님이 말씀하실 때 소리를 내긴 했지만 그냥 이상한 소리였지 신음소리는 아니었다고 합니다.

한 가지 어머님께 말씀드릴 사이먼의 행동은, 특수교육 교실에서 수업을 받을 때, 사이먼이 한 친구에게 유독 부정적인 말들을 했다는 것입니다. 그 학생은 사이먼과 같은 모둠이어서 학교에서 내내 같은 모둠활동을 합니다. 그 학생 또한 보조 선생님의 도움을 필요로 하는 학생입니다. 그 학생을 향한 사이먼의 부정적인 말과 태도가 다른 학생들에게도 부정적인 영향을 미치고 있습니다.

오늘 사이먼에게 제가 이 문제를 어머님께 말씀드리겠다고 알려 주었습니다. 주말에 사이먼과 이 문제에 대해 건설적인 대화를 나누어 주시길 부탁드립니다.

이번 주의 행동관찰 기록표 데이터는 다음과 같습니다.

	월	화	수	목	금	평균	목표
부정적인 언어 사용	1	9	3	6	4	4.6회/일	3회/주
지시 따르지 않음(권위에 불순종)	3	2	7	9	5	5.2회/일	5회/주

날짜: 3/10 ~ 3/14

* 부정적인 언어 사용의 예

- "이건 바보 같은 과제야."
- "이건 아기들이나 하는 과제야." 점심 도시락 가방을 이리저리 흔들며 벽을 침.
- "교장은 정말 재수 없어."
- 친구에게: "난 네가 정말 싫어."
- 친구를 놀리는 말을 함. "체육은 거지 같아." "병신 같은 XX"
- "병신 같은 수업이야."
- "왜 나를 죄수같이 취급하는 거죠?"(사이먼은 주어진 과제를 다 끝내고 자기 교실로 돌아가라는 신 선생님의 말에 화가 나서 이렇게 이야기함.)
- "너를 반드시 잡고야 말겠어!"라고 말하며 급우를 위협함.

* 특정 친구에게 한 부정적인 말

- "찍찍거리는 목소리 같으니라고."
- "너를 잡고야 말겠어."
- "역겨워!"
- "쟤랑 같이 앉기 싫어요!"
- "넌 내 원수야."
- 친구의 목소리와 말투를 흉내 내기
- 친구를 놀리기
- 뾰족한 연필로 친구를 향해 찌르는 시늉을 함.

이상으로 이번 주 보고를 마칩니다.
평안한 주말 되십시오.

특수교육 교사 신경아 올림

02

심리 조정의 대가, 메리앙

메리앙은 초등학교 1학년 여학생으로 매우 영특하고, 특히 언어능력이 발달했다. 감정의 기복이 매우 심하여 보통 때에는 귀엽고 발랄하고 친절하여 친구들에게 인기가 있고 함께 있기 유쾌하다. 그러나 갑자기 화를 내며 폭언을 하고 가위나 연필 등을 던지며 발작적으로 도망을 친다. 주된 문제행동으로는 교실에서 도망치기, 학교에서 숨바꼭질하기, 지루하거나 어려운 과제 회피하기, 의도적으로 물건을 훼손하고 타인에게 상해 입히기, 사람의 심리 조정하고 거짓말하기, 폭언하기이다. 부모가 메리앙의 이러한 성향을 알고 있으나 학교의 훈육 방침을 신뢰하지 않는다.

두 얼굴의 메리앙, 지킬과 하이드

특별한 대우를 요구하는 학부모

"ADHD였을까?"

"불안증(Anxiety Disorder)이었을까?"

"반항장애(Oppositional Defiant Disorder)였을까?"

"뭔가 과학적 설명을 벗어나는 정신적인 결함이었을까?"

아직까지도 머릿속은 온갖 생각과 의문으로 가득 차 있다. 메리앙은 우리가 흔히 생각하는 'ADHD' 증상과는 좀 다른 양상을 보였다. ADHD의 주된 증상인 집중력이 부족하고, 정리 정돈을 못하고, 일관성 없는 말들을 내뱉는 행동이 메리앙에게는 두드러지지 않았다. 대신에 지루함을 느끼거나 자신이 통제할 수 없는 상황이 닥치면 도망을 치거나 매우 과격한 말과 행동을 보이고, 교묘한 거짓말, 상대에게 모욕감을 주는 말과 행동을 하는 것이 주된 증상이었다. 이와 더불어 관심을 유발하기 위한 행동, 그리고 과제를 회피하기 위해 부정적으로 행동하기, 주도권을 쥐기 위해 논쟁하기 등이 메리앙의 주된 행동이었다.

깜찍하고 귀여운, 그래서 미국식으로는 '단추같이 귀여운 아이'라고 불리는 1학년생 메리앙이 전학을 온 첫 날 행동수정전문가 선생님에게 한 말은 다음과 같다.

"나는 보기보다 더 심각한 파괴자예요

(I am more of a destroyer than I look like. Ha, ha, ha)."

"내 마음은 악해요

(I am evil inside. Ha, ha, ha)."

"우스꽝스럽고 하찮은 선생님들에게서 도망칠 거예요

(I am going to get away from all of you silly teachers. You silly little teacher)."

"선생님은 절대 저를 못 잡을 걸요

(What are you going to do about it. You will never catch me)."

"어쩌라고요, 아줌마

(I am what I am, missy)!"

"선생님이 날 좋아하게 만들려고 지금 저 수작 부리는 거예요. 내 안에는 악마가 있어요. 제 눈을 봐요. 제 눈을 좀 보세요

(I'm tricking you into liking me. I'm evil. Eyes on me - you need to look at me)."

"전 보기보다 힘이 세요

(I'm stronger than I look)."

"제가 사촌에게 벽돌을 던졌거든요, 그때부터 전 착하다는 것이 뭔지 몰라요

(Once I threw a brick at my cousin. I don't know what it means to be kind)."

"제게 있는 한 가지 규칙은요, 규칙 없이, 신나게 하고 싶은 것을 멋대로 하는 거예요. 저는 하고 싶은 것을 원하는 때에 적당하지 않은 때에라도 할 거예요

(The only rule is to have no rules, have fun, do whatever you want. I do whatever I want when I want even when it's bad)."

메리앙은 선과 악, 해야 할 일과 해서는 안 되는 일이 무엇인지를 분명하게 알고 있었고, 이 둘을 가지고 놀았다. 경계선을 왔

다 갔다 하면서 선생님들의 심리를 교묘히 조정했다. 메리앙은 더없이 친절하고 귀엽고 순진해질 수 있었고, 잔인하고 날카로우며 무자비하게 행동할 수도 있었다. 메리앙은 여러 가지 악행을 하는데도 불구하고 친구들에게 인기가 있었고, 위험하다는 인상을 주지 않았다. 그래서 참 이상하고 무서웠다.

메리앙은 우리 학교로 전학 오기 일주일 전부터 교장 선생님을 비롯하여 여러 선생님을 공포에 떨게 하였다. 메리앙은 코로나19가 미국에서 막 기승을 부리기 시작할 무렵, 우리 학교 바로 옆에 있는 초등학교에서 유치원을 다니고 있었다. 유치원이 시작되고 일주일 만에 메리앙의 부모님이 학교로 호출되었고, '행동지원계획(Behavioral Support Plan)'이라는 것을 작성하게 되었다. 통상 새 학기가 시작되면 한 달 정도는 지켜본 후에 학부모를 부르는 조치를 취하게 마련이건만 메리앙의 경우에는 안전의 위협이 되는 행동이 워낙 심해 긴급 호출을 하게 된 것이었다. 메리앙의 주된 행동은 교실 밖으로 뛰쳐나가고, 교실에서 위험하게 물건을 집어던지고, 선생님과 친구들에게 부정적이거나 적절하지 못한 말들을 내뱉은 것이었다. '행동지원계획' 모임 후, 일주일 만에 메리앙은 대면 수업에서 온라인 수업으로 옮겨 갔고, 며칠 후에는 아예 유치원을 자퇴했다. 자퇴라기보다는 홈스쿨링으로 전환하였다는 것이 더 맞는 표현일 것이다. 부모님의 일방적인 결정이었다.

　나중에 알게 된 사실이었지만, 메리앙의 교육에는 할머니의 입김이 크게 작용했다. 미국답지 않게, 할머니가 학교에 자주 왔고, 이것저것 메리앙과 관련된 중요한 결정에 관여했다. 할머니는 대학에서 가족상담을 강의하고 있었기 때문에 본인이 정서장애나 품행장애와 관련된 분야는 잘 알고 있다고 착각하고 계셨다. 아마 본인이 메리앙에게 조정당하고 있는지는 모르는 것 같았다.

　메리앙의 어머니는 학교로 특수교육을 요청하는 이메일을 보냈다. 내용은 메리앙은 영재성이 엿보이는 학생이지만 작년 딱 일주일간의 유치원 생활을 통해 일반적인 교육환경은 적합하지 않다는 것을 깨달았기에 메리앙을 소수 정예의 특별한 케어를 받을 수 있는 전일제 특수반으로 배치해 달라는 것이었다. 왠지 모르게 편지 속에는 학교를 향한 미묘한 비난, 그러니까 '너희가 메리앙에게 적절한 교육과 지원을 해 주지 못해 아이가 이렇게 반응하는 것이 아니냐!'는 뉘앙스가 엿보였다.

모든 일에는 절차가 있듯 특수교육을 받고 싶다는 열망만으로 특수교육 대상자가 될 수 있는 것은 아니다. 영재교육을 받으려면 소정의 검사 및 진단 절차를 밟아야 하는 것처럼 특수교육을 받으려면, 최소 한 달 이상의 시간이 걸리는 절차를 밟고 이를 통해 장애가 있음이 판명되어야 한다. 지식이 충만해 보이는 어머니와 할머니는 이것을 모르셨던 모양이었다. 메리앙은 일단 일반 유치원에 배치되었다. 메리앙에게 교실에서 도망치는 습관이 있다고 하니, 교육청에서는 6주간 메리앙 옆을 늘 지키고 앉아 있을 보조 선생님을 파견해 주기로 하였다.

원하는 것은 반드시 얻어 내는 메리앙

메리앙이 처음 등교하는 날, 교육청에서 행동수정전문가 훈련을 받은 보조 선생님을 파견하였다. 이름은 미스 알리사. 미스 알리사는 교육청 소속의 보조 선생님으로 문제학생, 위기학생을 전담으로 맡는다. 미스 알리사의 직속상관은 교육청 소속의 행동수정전문가 선생님이다. 행동수정전문가 엘리자베스 선생님은 메리앙이 등교하는 첫날, 메리앙 옆에 붙어서 메리앙을 다루는 여러 가지 요령을 담임 선생님과 미스 알리사에게 코치해 주었다.

첫날부터 여러 가지 일이 일어났다. 메리앙은 학교에 오자마자, 아침부터 엘리자베스 선생님에게 집에 가고 싶다고 말했다.

"메리앙, 몇 시간 후에 수업이 끝나게 되면 그때 집에 갈 수 있단다."

"교장 선생님을 교실로 오게 해서 집에 가야겠어요."

"교장 선생님은 여기로 오시지 않을 거란다. 네가 토를 할 만큼 아프지 않은 이상!"

영재일지도 모르는 메리앙은 벌써 교장 선생님 정도가 와야 자신이 조퇴를 할 수 있다는 것을 파악하고 있었다. 이것은 마치 화난 고객이, "이봐, 매니저 불러와!" 하는 것과 같은 심보였다. 메리앙은 책상 위로 올라가 첨벙첨벙 징검다리 건너 듯 이 책상에서 저 책상으로 뛰어다녔다. 그리고 의자를 집어 들어 의자 다리를 정확하게 엘리자베스 선생님의 정강이에 정조준 한 뒤, 집어던졌다.

"아이쿠!"

엘리자베스 선생님의 정강이에는 커다란 멍이 생겼다. 그런 후, 메리앙은 진짜로 구토를 했다. 모두가 그것이 '거짓 구토'라는 것을 직감하였지만 코로나19 상황이라서 메리앙을 학교에 그대로 둘 수는 없었다. 결국, 메리앙은 집에 일찍 가게 되었고, 이것은 메리앙의 승리였다.

몇 주간, 메리앙은 미스 알리사와 치열한 싸움을 거듭했다. 메리앙은 마음껏 악동 기량을 발휘하며 담임 선생님과 학급 친구들, 그리고 나를 충격과 공포에 휩싸이게 했다. 학교에 있는 대부분의 선생님은 6주간 고통의 시간이 지나면 메리앙은 옆 학교에 있는 정서장애 및 행동장애 학생들을 위한 특수학급으로 옮겨 갈 것으로 예상하며 시간이 흐르기를 기다리고 있었다.

전학 온 첫 주에는 거의 매일 격리실(seclusion room)로 끌려가다시피 했다. 격리실은 말 그대로 안전을 위협하는 행동을 하는 학생을 격리시켜 놓는 작은 방이다. 무엇인가 심사가 뒤틀리는 일이 발생하면 메리앙은 교실 밖으로 뛰쳐나갔다. 마치 선생님들과 잡기놀이를 하는 것처럼 천방지축으로 학교를 이리저리 도망다니다가 결국은 양팔을 미스 알리사, 나 그리고 다른 보조 선생님들에게 붙들려 격리실로 들여보내지는 일이 하루에도 여러 번 있었다. 격리실로 들어간 메리앙은 온 벽을 침으로 도배를 하거나 격리실 벽에 엉망진창 낙서를 했다. 문을 향해 온몸으로 돌진하여 문 밖에서 두세 명의 어른이 몸으로 문을 막고 있어야 하는 경우도 있었다.

메리앙이 기분 좋을 때에는 천사와 같은 얼굴로 방긋 웃으며 여러 가지 재미있고 우스꽝스러운 이야기들을 재치 있게 했다. 친구들과도 천진난만하게 놀고, 콧노래를 흥얼거리기도 했다. 말을 어찌나 고급스럽고 예쁘게 하는지 메리앙은 장차 위대한 작가가 될지도 모른다는 생각이 들 정도였다. 그런데 꿈같은 시간을 보내다가도 갑작스럽게 소설 『지킬 박사와 하이드』에 등장하는 하이드처럼 돌변하는 일이 하루에도 몇 번씩 발생했다. 이런 일이 반복되니 메리앙 옆에서는 한시도 긴장을 늦출 수가 없었다.

공든 탑을 무너뜨리는 학부모의 판단

학교 생활에 적응하기 시작한 메리앙

메리앙의 문제행동은 6주 동안 놀랍게도 호전되었다. 교실 밖으로 뛰쳐나가거나 친구들과 선생님에게 위험한 물건을 던지는 행동은 현저하게 줄어들었고, 일반 교실에서 이루어지는 대부분의 수업활동에 참여하며 학급 친구들과도 잘 어울렸다. 미스 알리사의 일관되고 전문적인 지도로 메리앙은 빠른 속도로 안정감을 찾았다. 여전히 교실에서 학생들이 떠들거나 전체적인 수업 분위기가 다소 느슨해지면 메리앙은 지원실에 와서 미스 알리사의 도움을 받으며 개인 과제를 해야 했지만 대부분의 일정을 일반학급에서 소화할 수 있게 된 것은 큰 발전이었다.

미스 알리사는 탁월한 행동수정전문가였다. 따뜻하고 친절한 마음을 가지고 있었지만 말수가 적고, 감정의 변화를 얼굴에 잘 드러내지 않았다. 겉으로 보면 무뚝뚝한 사람처럼 보였다. 메리앙이 가위, 연필, 공책 등 닥치는 대로 주변의 물건을 집어던지고, 이상한 소리를 내기도 하고, 거짓말을 밥 먹듯이 하는데도 미스 알리사는 화를 내는 법이 없이 말없이 메리앙의 손을 잡고 격리실을 향해 뚜벅뚜벅 걸어갔다.

미스 알리사의 큰 덩치도 한몫을 했다. 그렇지만 덩치보다는 어떤 일이 있어도 규칙대로 한다는 카리스마가 메리앙의 공격적인 행동을 수그러들게 하였다. 메리앙의 애교, 거짓말, 핑계, 사람을 조정하려는 계략 등은 통하지 않았다. 미스 알리사는 메리앙의 성향을 잘 파악하고 있었다. 메리앙이 주변 자극에 매우 민감하여 아이들이 떠들거나 산만한 학급 분위기가 펼쳐지면 공격적이 된다는 것을 알고 있었다. 그래서 메리앙에게 교실이 너무 시끄럽거나 주변의 자극이 너무 세다고 생각하면, "자극이 너무 세서 조용한 곳으로 가고 싶어요."라고 말하도록 훈련시켰다. 메리앙은 주변이 산만해져서 스스로 자기가 못 견딜 것 같은 상황이 오면 물건을 집어던지거나 이상한 소리를 내는 대신에 미스 알리사에게 조용한 장소에서 잠시 휴식을 하자고 요청했다.

미스 알리사는 인내심이 부족한 메리앙에게 단기적인 목표를 정해 주고 메리앙이 그 목표를 달성하면 즉각적인 보상을 주었다. 예를 들면, 국어 쓰기 1장을 조용히 풀면, 지원실에 가서 2분 동안 점토놀이를 할 수 있게 하는 것이다. 하루에도 여러 번, 메리앙은 지원실에 와서 점토놀이를 하였다. 대부분 1~2분 정도였다. 어른의 입장에서 생각하면 그깟 1~2분 동안 점토놀이가 무슨 보상이냐고 하겠지만 1학년 메리앙에게는 그것이 큰 보상이었다. 게다가 스스로 과제를 완수하고 받는 상이라서 메리앙은 점토놀이 시간을 얻게 되는 것을 무척 자랑스러워했다. 메리앙이 약속한 국어 쓰기 1장을 완수하지 못하면 자비는 없었다. 어떠한 변명이나 사정도 통하지 않았다. 미스 알리사는 이 점을 분명히 했다.

"한 번 물러서면, 메리앙은 머리 꼭대기에 올라설 것입니다."

미스 알리사가 여러 번 강조한 말이었다.

미스 알리사는 매일같이 메리앙의 행동을 30분 간격으로 체크했다. 미스 엘리자베스 선생님은 이 자료들을 정리하여 거의 매일 메리앙의 부모님께 이메일로 보고했다. 메리앙이 보여 준 긍정적인 행동 변화 덕에 행동수정관리팀—행동수정전문가 선생님, 담임 선생님, 교장 선생님, 특수교사—은 메리앙을 소수정예 특수학급이 아닌 일반학급에 계속 두기로 결정하였다. 일반학급에서도 보조 선생님의 도움하에 충분히 행동관리가 된다고 판단하였기 때문이다.

부모님과 할머니는 매우 기뻐하였다. 6주 동안의 데이터 수집 기간이 끝나자 메리앙은 학교심리검사 선생님에게 특수교육 진단을 받았다. 각종 심리, 정서 그리고 지능검사 끝에 메리앙은 ADHD로 진단을 받아 'Other Health Impairment(기타 건강상의 장애)'라는 특수교육 진단명하에 특수교육을 받기로 했다. 감정 조절에 관한 특수교육 말이다. 메리앙의 가족은 너무 기쁜 나머지 메리앙을 겨울방학 전까지 학교에 보내기로 결정하였다. 엄마와 아빠 그리고 동생들은 동부로 이사를 가야 했지만 메리앙은 가족과 떨어져 할머니와 겨울방학 전까지 애리조나에서 지내기로 한 것이다.

다시 하이드의 모습으로,
엄마에게 가겠다는 외침

　미스 알리사도 다른 학교로 옮겨 가고 메리앙의 학교 생활은 온전히 특수교육 선생님인 나와 학교에 있는 보조 선생님의 책임이 되었다. 부모님께 이메일을 보내거나 전화를 하는 일 또한 나의 몫이었다. 나는 미스 알리사로부터 메리앙을 다루는 모든 전술을 넘겨받고 메리앙이 겨울방학 전까지 일반학급에서 환상적인 생활을 하기를 바랐다.

　그런데 반전이 일어났다. 보조 선생님이 바뀌자 메리앙은 급격히 이전의 모습으로 돌아갔다. 다시 공격적으로 변했다. 그동안 사라졌던, 교실에서 뛰쳐나가는 습관이 다시 나타났다. 급기야는 음악, 미술, 체육 수업에 전혀 참여하지 못하였고, 하루의 반 이상을 지원실에서 지내게 되었으며, 지원실에서 지내는 동안도 물건을 마구 집어던지거나 침을 뱉거나 여기저기 낙서를 하는 등의 공격적인 행동이 심해졌다. 급기야는 격리실에 들여보내야 하는 순간도 있었다. 새로 맡은 보조 선생님이 미스 알리사만큼 엄격하게 규칙을 적용하지 않고, 엄마도 없이 할머니와 지내는 메리앙을 안타깝게 여기는 태도가 그만 보조 선생님이 메리앙의 밥이 되게 하였다.

메리앙은 너무 공격적이어서 교장 선생님께 도움을 요청해야 할 상황도 있었다. 보조 선생님이 도망을 갈 정도였다. 메리앙의 행동은 매우 의도적이며 주도면밀해서 소름이 끼쳤다. 예를 들면, 가위를 던질 때도 일단 선생님의 이름을 불러 자기 쪽으로 얼굴을 쳐다보게 한 후, 정조준하여 던졌다. 살살 웃으면서 교실의 중요한 게시물을 떼어 버리고, 모두가 코로나19 전염을 두려워하던 당시에 마스크에 침을 잔뜩 묻혀 손가락에 끼고는 휘휘 돌렸다. 상대가 무엇을 두려워하는지, 상대의 약점이 무엇인지 정확히 알고 있었다. 집에서 할머니 몰래 장난감과 사탕을 잔뜩 가져와서는 할머니가 학교에 가져가라고 하셨다며 천연덕스럽게 거짓말을 하였다.

학교에서는 메리앙의 행동 변화에 당황하면서도 어느 정도 예상된 일이라는 입장이었다. 교장 선생님은 아무리 학기를 마무리하는 것이 중요하다고 하지만 어떻게 1학년밖에 안 된 어린아이를 할머니 집에 혼자 떼어 놓고 떠날 수 있는지 이해가 되지 않는다고 투덜거렸다. 엘리자베스 선생님은 메리앙의 부모님이 이사 갈 계획이면서도 메리앙을 우리 학교에 다니게 한 것은 학교에서 제공하는 무료 검사 및 진단 프로그램을 이용하려는 얄팍한 속셈이었을 것이라고 하였다. 학교를 통해 특수교육 대상자 진단을 받아야 새로운 도시의 학교에 가서도 신속하게 특수교육을 받을 수 있기 때문에 이 학교를 이용한 것이 아닌가 하는 뉘앙스였다.

메리앙의 할머니는 메리앙의 이런 행동이 학교의 잘못이라고 생각하였다. 메리앙에게 좀 더 부드럽게 대해 주길, 메리앙이 학교에서 하지 못한 과제들을 일일이 무슨 과제인지를 설명하는 포스트잇을 붙여 집으로 보내 주기를, 이전에 메리앙을 돌봤던 미스 알리사를 다시 불러오라는 둥 이런저런 요구를 하였다. 급기야는 메리앙의 고모가 교실 참관을 하게 해 달라고까지 했다. 교실 참관이야말로 정말 황당한 요구가 아닐 수 없었다. 겨울방학이 지나면 전학을 갈 상황에서 메리앙의 부모도 아닌 고모가 교실에 와서 무엇을 보고 어떤 일들을 하겠다는 것인지 도무지 이해가 되지 않았다. 영리한 메리앙은 할머니나 고모가 교실에 있을 때에는 여느 때와 다르게 행동할 수도 있을 것이다. 학교에 대한 불평이 많은 할머니와 고모는 메리앙의 문제행동을 다른 학생 탓으로 돌리기 위해 꼬투리를 잡을 수도 있는 노릇이었다. 담임 선생님도 할머니의 교실 참관 요구를 몹시 부담스러워했다.

교장 선생님에게 이 황당한 요구를 전하자, 교장 선생님도 당황스러워하였다. 그렇지만 학부모의 요구를 거절할 법적 근거는 없다고 했다. 다만, 참관을 정 하고 싶다면 교장 선생님과 함께 교실에서 단 20분간만 참관을 할 수 있다고 하였다. 어떤 학부모는 학생들에게 부담을 주지 않기 위해 교실에 카메라를 설치해 놓고 빈 교실에서 20분간 시청을 하는 방법으로 참관을 하기도 했단다. 다행히도 참관 요구가 있은 지 얼마 안 있어 메리앙의 어머니가 메리앙을 전학시키기로 마음먹어 참관은 이루어지지 않았다.

메리앙의 할머니와 참관 문제로 옥신각신하고 있던 차에 메리앙의 격리실 이용 빈도수가 잦아지고, 행동수정전문가 선생님까지도 메리앙을 격리실에 들여보내게 되자 메리앙의 어머니는 결단을 내려 계획보다 일찍 메리앙을 가족의 품으로 데리고 가기로 했다. 결국, 메리앙은 겨울방학 전에 할머니 곁을 떠나 엄마에게로 가게 되었다. 선생님들 모두는 좀 늦긴 했지만 잘한 결정이라고 생각했다.

메리앙을 통해 얻은 교훈

왜 나와 보조 선생님은 미스 알리사처럼 메리앙을 지도하지 못한 것일까?

여기에는 여러 가지 이유가 있을 것이다. 첫째 이유는, 무엇보다 가정의 불안정이다. 이삿짐을 떠나보내고 홀로 할머니 집에 얹혀사는 상황, 엄마, 아빠가 두 동생만 데리고 훌쩍 떠나 버린 일, 교육열이 지나치게 강한 할머니 등등이 어린 메리앙에게는 큰 불안 요인이었을 것이다. 메리앙에게는 학교가 자신을 홀로 남게 한 원흉인 셈이다. 원래는 부모님을 따라 이사를 가려고 했지만 자신의 행동이 개선되는 바람에 할머니에게 남겨진 꼴이 되었으니 말이다. 똑똑한 메리앙은 학교에 복수를 한 것이다. 아무리 좋고 선진적인 프로그램이라 하더라도 가족의 힘을 능가할수는 없다.

둘째는 일관되지 못한 지도였다.

'메리앙은 한 번 틈을 주면 머리 꼭대기에 올라설 것입니다.'

미스 알리사가 분명 경고를 했는데, 이 말을 깊이 새겨듣지 않았던 것이다. 메리앙이 엄마와 떨어져 할머니 집에 있는 것이 안쓰럽다고 생각한 보조 선생님과 내가 이것저것 메리앙의 요구를 들어주기 시작하다 보니, 우리는 그만 메리앙에게 잡아먹힌 꼴이 되고 말았다. 뭔가 중심을 잡고 천둥이 치든 번개가 치든 정해진 규칙을 밀고 나아갔어야 했다. 메리앙을 돌보는 보조 선생님들이 시시때때로 바뀌고 규칙도 이리저리 바뀌다 보니 영악한 메리앙은 어느새 주도권을 쥐고 선생님들을 좌지우지하고 있었던 것이다.

셋째는 메리앙에 대해 깊이 있는 이해가 부족했다. 메리앙은 일반적인 1학년 학생과는 많이 달랐다. 공감 능력이 없고 규칙을 지켜야 한다거나 남에게 피해를 끼쳐서는 안 된다 등의 규칙과 일반 상식을 존중하는 마음이 없는 것 같았다. 매우 자기중심적이었다. 메리앙을 설득할 수 있는 유일한 방법은 어떤 행동을 하였을 때 이것이 본인에게 어떤 도움이나 해를 불러오는지를 상기시킬 때였다. 메리앙이 A라는 행동을 하였을 때 지원실에 가서 좋아하는 장난감을 가지고 놀 수 있다는 것을 알려 주면 메리앙은 지시를 잘 따랐다. B라는 행동을 하였을 때는 밖에서 중간놀이를 할 수 없고 실내에서 해야 한다고 하면, B라는 행동을 하지 않았다. 그런데 슬쩍슬쩍 선생님이 규칙을 잘 알고 있는지 떠보고, 선생님들을 자기 식으로 조정하려고 했다. 추측건대, 메리앙의 할머니도 메리앙의 이러한 성향을 잘 모르고 메리앙의 상습적인 거짓말이나 조정(manipulate)에 놀아났을 것이다. 할머니는 메리앙의 말만 믿고는 학교에서 메리앙에게 제대로 된 지원을 하지 못한다고 생각한 것 같다.

보조 선생님과 나의 정직한 감정 표현과 얼굴—'충격받은 표정'—이 메리앙을 더욱 공격적으로 만들었다. 미스 알리사의 무표정, 무덤덤한 얼굴 표정을 본받았어야 했는데, 메리앙이 쏟아 내는 공격적인 말들에 그만 얼굴에 감정의 동요를 드러내고 말았다. 이전에 정서장애 학생들에게 들었던 "바보, 병신, 멍청이" 등의 차원을 넘어선, '하찮은 선생들이라니, 너희가 할 수 있는 일은 아무것도 없어, 내 안에 악이 있다, 나는 착함을 몰라, 왜 말을 더듬니?······.' 등등의 말들은 생각만 해도 식은땀이 나며, 메리앙을 볼 때마다 환청이 들리는 듯했다. 선생님들 얼굴에 가득한 무서움을 눈치챈 메리앙은 보조 선생님과 나를 잡아먹듯이 달려든 것이다.

　엘리자베스 선생님은 메리앙이 충분히 일반학급에서 교육받을 수 있을 것이라고 말했다. 미스 알리사와의 6주 동안의 교육을 통해 학교 생활에 적응할 뻔한 것이 이런 가능성을 증명한다. 다만, 언제나 어른들의 충분한 배려가 필요할 것이고, 계속적으로 자기감정을 조절하는 것에 관한 교육을 받아야 할 것이라고 예상하였다. 메리앙의 문제행동에 조금은 진전이 있었으나 다시 제자리로 돌아온 것이 너무나 안타깝다. 하지만 메리앙이 올바른 교육과 훈련을 통해 충분히 나아질 수 있다는 것을 알게 된 것만으로도 큰 성과라고 위안을 삼는다. 이제 제2의, 또는 제3의 메리앙이 전학을 온다면 준비된 모습으로 맞이할 수 있을 것 같다. 충격과 공포에 휩싸인 모습이 아니라 담담하고 차분하게 맞받아치며 적절한 도움을 줄 수 있는 능력자의 모습으로 말이다.

자료 1. 긍정적 행동지원계획서

메리앙이 전학을 온 첫날부터 6주간 교육청 파견 행동수정전문가 보조 선생님이 메리앙을 돌보며 행동 데이터를 수집하였다. 6주가 지난 후에는 기존자료검토 미팅(Review of Existing Data Meeting)을 통해 수집된 자료들을 부모와 관련 선생님들이 점검하고 특수교육 진단검사를 실시하기로 합의하였으며, 긍정적 행동지원계획서의 초안을 작성하였다. 특수교육 진단검사 결과 메리앙은 ADHD, 즉 기타 건강상 장애라는 장애명으로 진단되었고, 학부모와 관련 선생님들이 다시 미팅을 가지고 이 진단명을 확정지었다. 최종적으로 특수교육 교사가 개별화교육계획안을 작성하고 긍정적 행동지원계획서 최종본을 작성하여 다시 학부모와 관련 선생님들과 미팅을 가지고 메리앙의 특수교육 수업계획과 행동지원계획 등을 확정지었다. 다음의 긍정적 행동지원계획서는 개별화교육계획안에 첨부되었다.

행동지원계획서

■ 학생 본인 및 타인의 학습을 방해하는 행동들의 개선을 위한 계획
  • 이름: 메리앙
  • 학교명: 우주초등학교
  • 학년: 1학년
■ 기존자료 점검 모임 날짜: ○○○○년 ○○월 ○○일
■ 첫 번째 개별화교육계획안 날짜: ○○○○년 ○○월 ○○일
■ 행동수정지원계획 모임 날짜: ○○○○년 ○○월 ○○일

참석자	직위	서명
티나	부모	줌으로 참석함
로리	담임교사	줌으로 참석함
신경아	특수교육 교사	줌으로 참석함
마이크	교장/행정가 대표	줌으로 참석함

엘리자베스	행동수정전문가	줌으로 참석함
브라운	상담교사	줌으로 참석함
요하네스	특수교육 교사	줌으로 참석함

해당란에 체크하시오:

- 일반학급 소속(General Education) ....
- 특수교육 대상자. ......✔...... 　　장애명: 기타 건강상 장애
- 개별화교육계획안 유효일: ....
- 504 계획 .... 　　　　　날짜: ....

> 메리앙은 특수교육 진단검사 결과 ADHD로 결론이 났다. 미국에서 ADHD는 특수교육 대상 장애에 포함되어 있지 않기에 학교에서는 '기타 건강상 장애' 장애명으로 특수교육 대상자로 정한다. 메리앙은 다분히 '품행장애'의 성향이 있었지만 품행장애, 정서장애는 명확히 드러나지 않는 한 저학년 때에 진단을 내려 주지 않는다.

관찰된 위험 또는 수업 방해 행동들

관찰된 행동들	대체할 수 있는 행동들
안전을 해하는 행동들:	**학교의 규칙: 안전하게 행동하기**
때리기, 발로 차기, 물건 던지기, 침 뱉기, 타인을 향해 침 뱉기, 실내에서 뛰어다니기, 어른에게서 도망치려고 시도하기, 할퀴기, 꼬집기	메리앙은 집중하기 힘들 때, 화가 났을 때 또는 신경질이 났을 때, 감정 조절 방법들을 사용한다(예를 들면, 잠시 쉬는 시간을 갖기, 산책하기, 감각통합 도구들을 사용하기 등).

지시를 따르지 않는 행동들:	학교의 규칙: 존중하기
두 번의 반복된 지시나 경고 후에도 여전히 지시를 따르지 않는 행동, 두 번의 기회 후에도 '싫어요' '아니요'라고 말하는 것	메리앙은 집중이 잘 안 될 때, 또는 부정적인 행동이 나타나기 시작할 때 잠시 쉬는 시간을 선생님께 요청하거나 선생님이 쉬는 시간을 가지라고 지시할 때 쉬는 시간을 갖는다. 메리앙은 지원실에서 과제를 완성한다.
수업을 방해하는 행동들:	학교의 규칙: 존중하기
큰 목소리로 말하기, 괴성 지르기, 교실에서 뛰어다니기, 책상이나 의자 등 교실의 가구를 올라타기, 흥얼거리기, 휘파람 불기, 소리내기	메리앙은 집중이 잘 안 될 때, 또는 부정적인 행동이 나타나기 시작할 때 잠시 쉬는 시간을 선생님께 요청하거나 선생님이 쉬는 시간을 가지라고 지시할 때 쉬는 시간을 갖는다. 메리앙은 특수학급 교실에서 과제를 완성한다.

행동 데이터 분석 결과
[기준점 데이터, 기초선(Baseline)이라고 한다]

■ 학생생활기록부(Office Referral) 기재 횟수:

7월 - 6회

8월 - 0회

9월 - 0회

> Office Referral은 문제행동의 정도가 심해서 교장 선생님 선에서 면담, 훈육이 진행되고, 그 결과를 학생생활기록부에 올리는 것을 말한다.

■ 비폭력 위기 관리(non-violent crisis intervention) 실시 및 격리실 이용 횟수

7월 - 6회

8월 - 0회

9월 - 0회

공격적인 행동

- 평균 일일 2.9회의 공격적인 행동 발생
- 일일 0 ~ 24회 범위의 빈도수로 공격적인 행동 발생
- 학교 첫 등교 후 둘째 날 24회의 안전하지 않은 행동 발생(날이 갈수록 안전하지 않은 행동의 빈도수가 점차 줄어드는 경향성을 보임).

공격적인 행동 - 시간대별

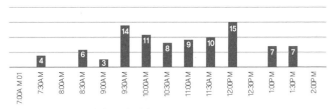

- 9:30~10:30 - 영어 쓰기 시간
- 11:30~12:30 - 중간휴식 / 점심 / 교실 간 이동, 수학 수업 직전의 시간

공격적인 행동 - 요일별

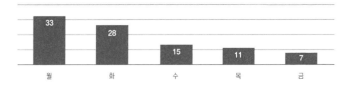

- 월요일에 빈도수가 가장 높음.
- 날이 지날수록 빈도수가 잦아듦. 금요일이 제일 낮음.

지시 불이행 - 시간대별

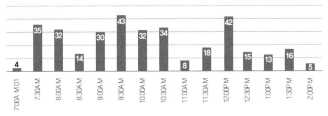

- 지시 불이행(불순종) 일일 평균 횟수가 10.1 (두 번의 경고 후부터 기록 시작)
- 일일 빈도수 범위 0~26
- 날이 갈수록 지시 불이행 빈도수가 줄어드는 경향성을 보임.
- 7:30~8:30: 아침 조회. 영어 읽기 9:00~11:00: 예체능, 12:00~12:30: 중간놀이
- 점심 후 교실로 돌아가 수학 수업 준비하는 시간

지시 불이행 - 요일별

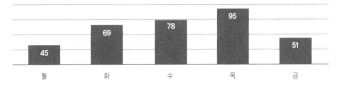

- 월요일이 가장 빈도수가 적음.
- 지시 불이행 빈도수는 요일이 지날수록 증가하다가 금요일이 되면 줄어듦.

수업 방해 행동 빈도수

- 하루 평균 19.2회의 수업 방해 행동
- 하루 0~50회 범위의 행동 빈도수

• 수업 방해 행동의 빈도수가 꾸준히 감소하고 있는 경향성을 보임.

수업 방해 행동 - 시간대별

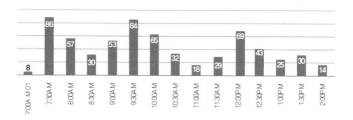

• 7:30~8:30
• 9:00~0:30
• 12:00~1:00: 중간놀이
• 점심 후 교실로 돌아가 수학 수업 준비하는 시간

수업 방해 행동 - 요일별

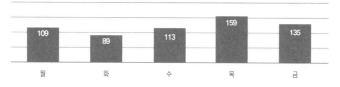

• 수요일은 다른 날보다 2시간 일찍 하교하는 날임
• 요일이 지날수록 수업 방해 행동의 빈도수가 높아짐.

일반 수업활동에 참여하지 못한 시간은 향후 일반학급 또는 특수학급 배치 그리고 통합의 정도를 결정하는 데 중요한 근거 자료가 된다.

일반 수업활동에서 나와 있는 시간

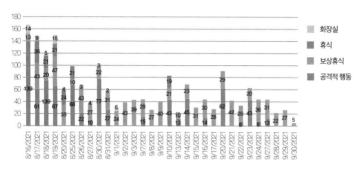

- 하루 평균 61분 일반 수업활동에서 나와 있음.
- 총 12,180분 중 1891분을 일반 수업활동에서 나와 있었음.
  (교육시간의 16%를 교실 밖에서 시간을 보냈음.)
- 하루 19분에서 166분 일반 수업활동에 참여하지 않음(166분= 2시간 46분).

* 행동 개선을 위한 목표들

■ 안전하지 못한 행동:
메리앙은 신경질이 나는 상황에서(싫어하는 과제가 주어짐, 급우가 마음에 들지 않는 행동을 함)—안전하지 못한 행동을 보인다. 안전하지 못한 행동(타인을 향한 반항적인 행동—발로 차기, 때리기, 밀기, 발 걸기, 할퀴기, 깨물기, 사람들을 향해 물건 던지기, 교실 밖으로 뛰쳐나가기/도망치려고 시도하기)의 빈도수를 하루 1회 미만으로 줄인다. 이러한 행동 빈도수는 교사가 제작한 행동기록표에 날마다 기록하고, 매 학기마다 보고한다.
  - 기준 데이터: 안전하지 못한 행동을 하루 평균 2.9회 보임.

■ 지시를 따르지 않는 행동:
어른으로부터 지시를 받았을 때, 메리앙은 2회 이하의 충고(경고) 이내에 그 지시를 따른다. 메리앙의 행동 개선은 지시를 따르지 않는 행동의 빈도수를 하루 5회 이하로 낮춘다. 메리앙의 행동 빈도수는 교사가 제작한 행동기록표에 날마다 기록하고, 매 학기마다 보고한다.

- 기준 데이터: 2회의 충고(경고) 후에도 불구하고 지시를 따르지 않는 행동의 빈도수가 하루 평균 10.1회

> 기준 데이터를 영어로는 Baseline이라고 한다. 이것은 현 상황을 나타내는 것으로 목표를 설정할 때는 현 상태보다 나아지는 수치를 제시해야 한다. 마치 팔굽혀펴기를 현재 20회/1분(Baseline)라고 한다면 기준 데이터가 20회/1분이 되는 것이다. 목표를 기술할 때에는 25회/1분으로 설정해야 하는 것처럼 말이다.

■ 수업을 방해하는 행동:

전체 학습 시간, 모둠활동 시간, 개인 학습 시간에 메리앙은 선생님의 학습지도와 친구들의 학습을 방해하지 않는다. 메리앙의 행동 개선은 2회 이하의 충고(경고) 후에도 불구하고 수업을 방해하는 행동을 하루 10회 이하로 낮추는 것으로 측정한다. 메리앙의 행동 빈도수는 교사가 제작한 행동기록표에 날마다 기록하고, 매 학기마다 보고한다.

- 기준 데이터: 하루 평균 19.2회의 수업 방해 행동을 보임.

* 데이터 수집 방법

다음 행동에 대해 매일 데이터를 수집한다.

- 안전하지 못한 행동
- 2회의 충고(경고) 이후에도 지속되는 지시 불이행
- 수업 방해 행동
- 학생생활기록부에 기재될 정도로 심각한 수준의 부정적인 행동
- 격리실을 이용한 횟수

문제행동을 유발할 수 있는 상황에서 도움이 되는 방법들

선행사건들	부정적인 행동의 출현을 방지하기 위한 지원들
놀이터, 급식실	놀이터와 급식실에서 보조 선생님이나 다른 어른의 감독과 사회적 기술 코칭이 필요함.
교사가 전체 학급을 대상으로 일제 학습을 진행하는 시간(학생들은 칠판 앞의 카펫에 앉아서 교사의 가르침을 경청한다.)	메리앙에게 자기 자리(카펫이 아닌 책상, 의자 자리)에 앉아 있든지 아니면 급우들처럼 카펫에 앉든지 선택권을 준다. 메리앙이 카펫을 선택할 경우, 급우들을 방해하지 않고 선생님의 말씀을 경청해야 함을 강조해서 알려 준다. 메리앙에게는 수업 방해 행동을 수정할 3번의 기회가 주어진다(3회 경고). 3번째 경고를 받게 되면 반드시 자기 자리로 돌아가서 앉아야 한다.
수학 시간	수업 과제를 쪼개서 조금씩 하도록 한다. 메리앙은 개인 수학 과제를 조용한 특수학급 교실에서 할 수 있게 한다.
장시간 집중을 해야 하거나 앉아서 과제를 해야 할 경우	• 하루 일과에 짧은 산책 시간이나 운동 시간을 공식적으로 계획한다. • 위글(wiggle) 쿠션이나 의자를 제공한다. 만약 위글 의자나 쿠션이 학습에 방해가 되면 다시 일반 의자와 책상을 이용해야 한다. • 메리앙은 자신이 선택한 장난감 1개를 책상 위에 올려놓을 수 있다. 이 장난감은 집중을 돕고 안정감을 주는 데 도움을 주기 위한 도구로 사용할 수 있다. 장난감은 소리가 나지 않는 것이어야 하며 수업에 방해가 되지 않아야 한다. 만일 이 장난감이 수업에 방해가 된다면 압수될 것이며, 메리앙이 안전하고 조용하게 이 장난감을 이용할 수 있는 준비가 되었을 때 다시 사용할 수 있게 된다. 메리앙은 이 장난감을 집에서 가져오며, 수업이 아닌 때에는 책가방 안에 넣어 두어야 한다.
급우들과 가까이 앉았을 때	메리앙은 급우들과 달리 개인 책상을 이용한다(급우들은 모두 모둠 책상을 이용한다).
학용품	학용품은 필요한 순간에만 제공된다. 만약 학용품을 안전하게 사용하지 않을 경우, 압수될 것이며, 메리앙이 안전하게 사용할 준비가 되었을 때 제공된다(메리앙의 학용품은 보조 선생님이 안전한 곳에 보관하고 있다가 필요할 때, 제공한다. 메리앙의 책상에는 꼭 필요한 학용품만 놓아 둔다).

일반적인 도움	등교 시간에 보조 선생님이나 교사가 메리앙을 맞이하며, 하교 시간에는 보조 선생님이나 교사가 학부모에게 메리앙을 직접 인계한다.

* 부정적 행동을 대체하기 위한 긍정적인 보상

■ 학교 상품권

안전한 행동, 존중하는 태도나 책임감 있는 태도를 보였을 경우, 다음과 같은 경우에 최대 3장의 학교 상품권을 줄 수 있다.

- 하루의 모든 과제를 완수하였을 경우 받는다.
- 하루 중 한 번도 교실에서 퇴거당하지 않았을 경우 받는다.
- 특별히 칭찬할 만한 행동을 보였을 경우 또는 지시를 받지 않았는데도 할 일을 잘했을 경우 받는다.

■ 보상휴식

메리앙이 각 시간대별로 주어진 과제를 완수하였을 경우, 그때그때 짧은 보상휴식을 준다(경우에 따라서는 과제를 다 완수하지 않았을지라도 과제가 어렵거나 양이 많을 경우, 과제를 쪼개어 한 부분을 다하면 보상휴식을 주고, 그다음 단계를 모두 완수하면 또 보상휴식을 주는 식으로 진행한다).

- 보상휴식 시간은 5분이다.
- 휴식 시간은 특수교육 교실에서 가지며 타이머로 시간을 맞춰 놓는다.
- 타이머로 5분이 지나면 메리앙은 반드시 걸어서 자기 교실로 돌아가야 한다. 휴식 시간을 더 주어서는 안 된다.
- 행동기록표에 '교실로 돌아온 시간'란에는 일반 교실로 돌아와 자리에 앉은 시각을 기록해야 한다.

보상휴식 시간에 특수교육 교실에서는 장난감을 가지고 놀 수 있다. 그러나 일반 교실로 돌아갈 때에는 가지고 놀던 장난감을 가지고 갈 수 없다. 일반 교실에서는 그날 정한 1개의 장난감만을 사용할 수 있으며, 이 장난감은 소리를 내지 않고, 빛이나 수업을 방해하는 특성을 가지고 있지 않아야 한다.

* 지원 및 개입 절차(문제 상황이 발생하였을 경우, 순차적으로 적용하기)

■ 안전하지 않은 행동을 보일 때
  - 메리앙에게 안전한 태도를 보이라고 타이르기
  - 교실 안에서 감정 조절 방법을 사용하거나 아니면 교실 밖의 조용한 곳에서 감정 조절 방법을 사용하라고 선택권을 주기
  - 계속해서 안전하지 않은 행동을 보이면, 교실 밖으로 나와 지원실로 가서 자기 성찰 시간을 가지며 안정을 되찾고 선생님의 지시를 따를 준비가 될 때까지 머물게 하기

■ 지시를 따르지 않는 행동 / 수업을 방해하는 행동
  - 메리앙에게 자신의 행동을 바로잡을 수 있는 3회의 기회를 구두로 주기
  - 3회 지적 때 메리앙에게 지원실로 가서 반성의 시간 가지도록 하기
  - 학습 과제를 지원실에서 하기

메리앙은 과제를 다 완수한 후에 일반 교실로 돌아갈 수 있음.

자료 2: 메리앙의 책상과 지원실 벽에 붙여 놓았던 규칙 포스터

메리앙이 매 순간 규칙을 상기할 수 있도록 규칙 포스터를 여기저기에 게시하였다.

* 학교에서 지켜야 할 규칙

■ 자기 자리에 머물기

■ 선생님 말씀 듣기

■ 맡은 일 다하기

■ 서로 존중하기

- 과제 3개 완성 ➡ 보물상자
  (과제: 쓰기/수학/읽기)
- 음악, 미술, 체육 수업 참여 ➡ 보물상자

- 도망치기 / 공격적인 행동 ➡ 작은 방/장난감 압수(5분간)
- 과제 안 하면 쉬는 시간 없음
  (과제: 쓰기/수학/읽기)

자료 3. 격리실 이용 후 작성한 보고서

격리실을 이용한 후에는 반드시 그날 중으로 전화나 간략한 이메일로 부모에게 자녀가 격리실을 이용하였음을 알리고, 그 후에 격리실 사용 보고서를 작성하여 부모에게 보내야 한다. 종이로도 출력하여 교육청에 학기 말에 보내도록 되어 있다. 보고서를 작성할 때에는 중립적인 용어를 사용해야 하며, 반드시 직접 보거나 들은 내용만을 기술해야 한다. 정확한 시각, 횟수 등을 기록하는 것이 요구된다. 부모가 이메일로 보고서를 보낼 때에는 반드시 PDF 파일로 보내어 임의로 교정하거나 수정하는 것이 불가능하게 한다. 저자가 일하였던 교육청에서는 격리실 보고서를 작성한 후, 반드시 교육청의 행동수정전문가 선생님에게 검토를 받은 후 부모님께 보내도록 하고 있다.

비폭력 위기 관리 및 격리실 사용 보고서

이름: 메리앙	학교: 우주초등학교(학년: 1학년)	인종: 2개 이상 섞임	사건 발생일: 12/○○/202○
☐ 일반교육	☒ 특수교육 - 장애명: 기타 건강장애	☐ 504 플랜	
관련된 사람:	지위:	사건 당일의 역할: 리더, 조력자, 관찰자	
엘리자베스	행동수정전문가	리더	
린다	보조교사	조력자	
신체제압: Yes(V) No( )	자해 ( ) 타인에게 위험 초래 (V)	시작 시각: 12:36 끝 시각: 12:37 총시간: < 1분	
물리적인 에스코트: Yes( ) No(V)	자해 ( ) 타인에게 위험 초래 (V)	시작 시각: 끝 시각: 총시간:	

> 위험 상황이 발생하여 학생을 격리실에 들여보내야 할 경우, 반드시 리더를 정한다. 모든 결정은 리더가 내리며, 설사 리더의 결정이 마음에 들지 않더라도 리더의 결정을 따라 일사분란하게 움직인다. 대체로 행동수정전문가 또는 특수교육 교사가 리더의 역할을 하게 된다. 경우에 따라서는 상담교사가 리더가 될 수도 있다.

격리실: Yes(V) No( )	자해 ( ) 타인에게 위험 초래 (V)	시작 시각: 12:38 끝 시각: 12:40 총시간: 2분	장소:
경찰에 신고: Yes ( ) No(V)	자해 ( ) 타인에게 위험 초래 (V)	신고 시각:	

위험 행동 발생 직전에 일어난 사건이나 행위:

점심시간 후, 메리앙에게 교실에서 학습 과제가 주어졌다.

행동 (목격되거나 청취된 사항들을 기록):

메리앙은 지원실에서 물건을 던지며 뛰어다녔다. 메리앙은 수차례 지원실 밖으로 나가려고 시도했다. 메리앙이 도시락 가방에서 푸딩을 꺼내 교실 문에 발랐다. "저 핑거페인팅을 하는 중이에요."라고 말했다.

12:28 - 메리앙이 엘리자베스 선생님을 잡아당기고 여러 차례 선생님의 팔을 깨물려고 시도했다. 메리앙은 "대체 생각이 뭐야?"라고 소리를 질렀다.

12:29 - 메리앙은 엘리자베스 선생님을 6회 때리고 선생님 팔에 빨간 자국을 남겼다.

12:30 - 메리앙이 신발을 벗고, "이 신발 너한테 던질 거야."라고 말했다. 엘리자베스 선생님이 메리앙에게서 신발을 치웠다. 메리앙이 엘리자베스 선생님에게 침을 뱉기 시작했다. 엘리자베스 선생님이 침을 피하려고 쿠션으로 막았다. 메리앙이 계속해서 엘리자베스 선생님에게 10번 침을 뱉었다.

12:31 - 메리앙이 빈백(Bean Bag) 쿠션에 뛰어올라 엘리자베스 선생님에게 침을 뱉으려 했다.

12:32 - "나는 멈추지 않아!"라고 외치며 계속해서 엘리자베스 선생님에게 침을 뱉음.

12:36 - "선생님에게 침을 뱉을 거예요. 하하하. 셔츠에 묻었어요."라고 외치며 계속해서 침을 뱉음.

12:37 - 엘리자베스 선생님을 4회 때리며 10회 침을 뱉음.

12:38 - 계속되는 공격과 침 뱉기로 격리실로 들어보냄. 1분 이내에 메리앙이 "그만할게요. 앉고 싶어요."라고 말함.

12:40 - 메리앙이 코너에 앉음. 격리실 문을 열었고, 메리앙이 격리실에서 나옴.

결과 (행동 이후에 벌어진 일을 기술하기) :

물티슈로 교실 구석구석 침 뱉은 곳을 닦아 냄. 문에 묻은 푸딩도 닦아 냄.

사건 이후에 제공된 치료적인 라포르/교육적인 시도/학생의 반응

메리앙과 엘리자베스 선생님은 침 뱉기와 때리기가 나쁜 행동인지에 대해 이야기를 나눔. 엘리자베스 선생님이 메리앙에게 입장을 바꾸어 누군가가 메리앙에게 침을 뱉거나 때리면 어떻게 느낄지 말해 보라고 함. 메리앙은 "슬플 거예요."라고 답함. 엘리자베스 선생님과 메리앙은 오늘 하루 남은 시간 동안의 행동 목표가 무엇인지 이야기 나눔. 엘리자베스 선생님은 "나머지 시간 동안 잘 보낼 수 있을 거야."라고 말했고, 메리앙은 "네, 물론이에요."라고 답함. 메리앙은 "약속해요."라며 새끼손가락을 내밀었다. 엘리자베스 선생님은 메리앙에게 안아 줄까 제안했고, 메리앙은 고개를 끄덕였다. 엘리자베스 선생님은 메리앙을 안아 주었고, 엘리자베스 선생님이 메리앙을 얼마나 사랑하며 걱정하고 있는지를 말해 주었다. 메리앙도 선생님께 안겼다.

일반 교실로 돌아간 시각: 12:48pm

후속조치:

504/IEP/MET 미팅이 필요한가 Yes(V) No( )
그 밖의 후속조치가 필요한가? Yes(V) No ( )
설명: 최근의 행동 데이터와 지원책에 대해 의논하기 위해 학부모와 교육지원팀의 모임이 요구됨.

사건 보고 (사건이 발생한 당일 24시간 내에 보고해야 함):

부모/보호자에게 보고한 사람: 신 선생님 날짜: 12/○○/202○_ via: 이메일(V) 대면( ) 전화( )
NCI 보고서를 발송한 사람: 신 선생님 날짜: 12/○○/202○ via: 이메일(V) 지면 ( )
행정가에게 보고한 사람: 엘리자베스 날짜: 12/○○/202○ via: 이메일( ) 대면(V) 전화( )
행정수정전문가에게 보고한 사람: 엘리자베스 날짜: 12/○○/202○ via:

이메일( ) 대면( ) 전화( )

자료 4: 메리앙의 어머니에게 보낸 이메일의 예

엘리자베스 선생님이 메리앙의 학교에서의 하루 생활을 간략하게 알리고 보조 선생님이 바뀌게 됨과 그것이 교육청의 방침임을 강조한 내용이다.
행동수정전문가 엘리자베스 선생님이 쓴 이메일이다.

티나에게

안녕하세요?
오늘 하루 어떠했는지를 알려 드릴게요. 오늘은 메리앙에게 힘든 날이었어요.
가족들의 이사와 변화로 메리앙이 오르락내리락할 것이라고 예상되지만 학교에서는 할 수 있는 모든 지원을 할 것이라 확신합니다.

8:10~9:01에 메리앙이 교실에서 퇴실당했어요. 메리앙이 수업을 방해하는 행동들을 해서 지원실로 데리고 나와야 했답니다.
지원실에 있는 동안, 학습지에 낙서하기, 선생님 의자에 앉아 빙글빙글 돌기, 벽 두드리기, 벽을 타고 올라가려고 시도하기, 미스 알리사에게서 무전기 낚아채려고 하기, "난 무전기 빼앗기 선수예요."라고 말하기, 마스크를 벗고 "난 파괴자예요."라고 말하기, 신발 집어던지기, 소리 지르며 바닥에 드러눕기, "난 죽었어요. 죽었다고요. 날 여기서 내보내 줘요."라고 말하기, "지금 도망치기 아주 좋은 시간이야."라고 소리치기 등의 행동을 보였습니다.
메리앙은 8시 54분경부터 마음을 가라앉히고 주어진 과제를 하기 시작하여 9시 01분에 교실로 돌아갔습니다.
어머님이 참고하시라고 오늘의 상황을 알려 드리는 것입니다.
미스 알리사는 이번 주 금요일을 끝으로 우주초등학교에서의 파견 근무를 마치게 됩니다. 미스 알리사는 앞으로 메리앙을 도와주실 보조 선생님께 인수인계를 하셨습니다. 미스 알리사는 교육청 소속의 선생님으로 학교에 있는 학생의 필요와 지원 방법이 파악될 때까지 한시적으로 파견되어 학교에서 근무하시는 분입니다. 학교에 있는 기존의 선생님들이 학생의 필요와 지원 방법에 대해 충분히 이해한 후에는 기존의 선생님들께서 학생을 돌보고 지원하는 업무를 넘겨받게 되며, 교육청 파견 선생님은 다른 학교의 학생들을 위해 파견 가시게 됩니다. 미스 알리사가 떠나시더라도 저는 계속 메리앙이 어떻게 지내고 있는지 매주 금요일마다 점검을 할 것입니다. 메리앙은 기존에 받고 있던 교육적 지원을 계속해서 받게 됨을 다시 한번 말씀드립니다.

문의 사항이 있으시면 알려 주십시오.
내일 줌으로 만날 개별화교육계획안 모임에서 뵙겠습니다.

행동수정전문가 엘리자베스 올림

03

불안해서 공격하는 조셉

조셉은 1학년 남학생으로 세 살 때부터 발달지체로 특수교육 대상자였다. 지능은 정상이며 언어능력이 매우 발달하여 말을 청산유수로 잘 한다. 그러나 생활능력 및 사회성이 떨어지고 감각이상 증세를 보여서 통합 프리스쿨을 다녔다. 주된 문제행동으로는 폭언, 떼쓰기, 수업참여 안 하기, 수업 방해하기, 선생님 말 안 듣기, 친구들에게 욕하기 등이다. 소아과 의사의 처방으로 ADHD 약물을 복용했으나 효과가 없어 우울증 약을 복용하기 시작했다.

격리실 단골손님, 조셉

코로나 악동, 조셉

인류 최초로 유치원 교육을 온라인으로 집에서 배운 1학년 학생들. 코로나19가 수그러들고, 대면 수업으로 복귀한 이들은 그야말로 난장판이었다. 급식 지도, 쉬는 시간 놀이지도, 줄서기, 놀이시간에 규칙 지키기 등등 많은 부분에서 손이 갔다. 단체생활이란 단어를 들은 바 없는 이들은 학교 생활을 백지 상태에서 다시 배워야 하는 상황이었다. 그래서일까, 1학년 학생 중에 유독 행동이나 말투가 거칠고 난폭하며, 또래보다 미성숙한 학생이 많았다. 아침이면 교실에 들어가지 않겠다고 큰 소리로 울거나 수업 중에 지루하다고 뛰쳐나오는 학생들이 있었다.

이러한 코로나 악동들 중에서도 조셉의 말썽은 단연 1등이었다. 조셉은 장애 학생과 일반 학생을 통합해서 교육하는 프리스쿨 출신이다. 사회성, 생활능력 그리고 운동능력 영역에서 발달 지체가 있었다. 조셉은 이미 세 살 때 보조 선생님에게 "FU"를 외쳐서 잠깐 그의 교실에 참관왔던 나를 깜짝 놀라게 했으며, 작년에는 조셉과 담임 선생님 사이에 갈등이 있어서 내가 잠시 아침 시간 동안 조셉을 돌봤었다. 작년에, 즉 그가 유치원생일 때, 조셉은 온라인 수업도, 대면 수업도 잘 적응하지 못했다. 조셉의 어머니는 이것이 유치원 담임 선생님의 무능력 때문이라고 생각했다. 선생님에 대한 어머니의 불신의 골이 깊어져 교장 선생님이 중간에 중재를 해야 할 정도로 사이는 안 좋았었다. 그래서 학교에서는 이번 학년에 반 편성을 할 때 특별히 신경을 많이 써서 인내심이 하늘을 찌르며, 경력이 풍부한 베테랑 선생님 반으로 조셉을 배치했다.

정확히 8월 10일 화요일. 그날은 보조 선생님과 내가 조셉의 팔을 꽉 부여잡고 하늘을 나는 듯한 종종걸음으로 조셉을 거의 끌다시피 하여 격리실에 들여보낸 날이다. 아침부터 하늘이 흐리고 빗방울이 간간히 내렸다. 메마른 사막인 애리조나에서는 정말 드물고도 행복한 날씨다. 그러나 조셉에게는 쉬는 시간을 교실에서 보내야 하는 절망의 날씨였다. 아침 조회 영상에 교장 선생님이 쉬는 시간을 실내에서 보내야 한다는 방송이 나오자 조셉은 큰 소리로 "교장 선생님을 죽여 버릴 테야. 주먹으로 갈길 거야!"라고 외쳤다. 담임 선생님과 순진한 1학년 친구들은 눈이 휘둥그레졌다. 조셉은 소리를 지르며 울음을 터뜨리고 의자를 집어던지며 난동을 부렸다. 조셉 곁에 있던 보조 선생님이 무전기로 도움을 요청하였다.

"1학년 교실로 긴급한 도움 요청합니다."

교실로 달려가, 헐크처럼 난동을 부리는 그에게 지원실로 가자고 속삭였다. 분노에 가득 찬 조셉은 나의 제안을 듣는 척도 하지 않았다. 도저히 정상적인 수업이 진행될 수 없었다. 보조 선생님과 나는 서로 눈빛을 교환한 후, 조셉의 손을 양 옆에서 잡고, 걷는 듯, 달리는 듯 후다닥 지원실을 향해 전진했다. 교실에서 안 나가고 버티려는 조셉을 재빠르게, 다치지 않게, 그것도 뛰지 않고 걸어서 데리고 나가는 일은 상당히 힘들고 어려웠다. 학생을 안전하게 이끌고 갈 때에는 학생의 두 발이 땅을 디디도록, 되도록이면 학생 스스로 걷도록 해야 한다. 왜냐하면 학생의 두 발이 공중에 있으면 '신체 결박'으로 간주되어 이후에 보고서를 작성해야 하기 때문이다. 나는 보고서 쓰기에 지쳐 있었다.

격리실로 가는 동안 조셉은 보조 선생님의 팔을 깨물었다. 마음 같아서는 1학년짜리 조셉을 번쩍 들어서 지원실로 데리고 가고 싶지만 학생을 제압하거나 행동을 저지하는 데에는 엄격한 규칙이 있어서 정해진 규칙대로 해야만 했다. 만약 규칙대로 하였지만 도저히 학생을 진정시키거나 제압할 수 없을 경우에는 차라리 반 친구들과 선생님을 다른 장소로 대피시키곤 한다. 이러한 방법이 과도한 진압보다는 더 낫다고 보는 것이다. 격리실에서 조셉이 평정심을 되찾기까지는 한 시간 정도가 걸렸다. 조셉은 징징거리며 울다가 욕이나 저주를 퍼붓기를 반복하였다. 이날을 기점으로 조셉은 한동안 격리실의 단골손님이 되었다.

공격적 행동의 원인

조셉의 행동은 날이 갈수록 심해졌다. 1학년이 된 지 이제 막 일주일밖에 지나지 않았는데도 조셉은 다양한 영역에서 문제행

동을 보였다. 아침에 친구들을 보자마자

"너는 멋져(You are cool!)!"
"너는 후졌어(You look stupid!)!"

이런 식으로 한 사람 한 사람 손가락질을 해 가며 '멋쟁이 (winner)'와 '땅거지(louser)'를 구분 지었다. 학급 아이들은 갑자기 슬픔에 휩싸였다. 어떤 친구들은 갑작스럽게 땅거지 타이틀을 달게 되었다. 또는 다른 친구가 답을 할 차례에 먼저 큰 소리로 답을 말해 버리는가 하면, 글씨 쓰기 활동을 하려고 하면 울거나 소리 지르거나 물건을 마구 집어던졌다. 조셉은 수업 시간에도 감히 선생님 의자에 앉아 빙글빙글 돌기도 하고, 선생님 컴퓨터를 만져서 수업을 방해하기도 하였다. 선생님이 규칙을 지키라고 지시하거나 주어진 활동을 먼저 끝내고 하고 싶은 것을 하라고 하면 각양각색의 험한 말을 쏟아 냈다.

보조 선생님을 발로 차기, 담임 선생님 머리 잡아당기기, 책상 위에 벌떡 올라서기, 학습지 꾸겨 놓기 등등 1학년 학생으로는 상상할 수도 없는 행동들을 거침없이 보여 주었다. 줄을 설 때는 새치기하기, 때릴 듯 말 듯 친구들에게 주먹을 휘두르며 위협하기 등은 그나마 양반이었다. 조셉이 담임 선생님과 보조 선생님 그리고 나에게 쏟아 내는 말들은 조폭 아저씨들이 사용하는 말 같았다.

"미워(I hate you)."

"넌 세상에서 제일 못생겼어

(You are the ugliest person in the world)."

"저리 꺼져(Get away from me)."

"싫어, 아니야, 절대로 안 해(No, Never)."

"내 자신이 정말 싫어(I hate myself)."

"죽고 싶어(I want to kill myself)."

"날 죽여 줘(I want you to kill me)."

"너 때문에 내 인생이 망했어(You ruined my life)."

"난 감방에 가고 싶어(I want to go to jail)."

"너를 찔러 버릴 거야(I will stab you)."

"나 코로나 바이러스 걸릴래(I want Corona Virus)."

입 모양으로 "뻐큐(F*** You!)"를 말하며 가운뎃손가락을 꼬무락거리기 상황이 이쯤 되니, 30년 경력의 행동수정전문가 엘리자베스 선생님이 조셉의 어머니와 통화도 하고, 담임 선생님과 나에게 이것저것 조셉의 행동수정에 관한 코치를 해 주었다. 선생님들은 조셉의 행동은 어머니의 주장처럼 단순히 담임 선생님이나 학급 친구들과의 부적응 관계 또는 지저분한 교실 환경 등에서 오는 것이 아니라 무엇인가 조셉 안에 내재되어 있는 문제에서 오는 것이라고 생각하기 시작하였다.

엘리자베스 선생님이 방문하는 날 조셉이 교실에서 난동을 부렸다. 무전기로 긴급 지원 요청이 울려 퍼졌고, 엘리자베스 선생님과 나는 조셉의 반으로 출동했다. 교장 선생님도 오셨지만 교실 안으로 들어가지 않고 교실 문 밖에 서 계셨다. 왜냐하면 조셉이 교장 선생님을 무척이나 싫어했고, 교장 선생님을 보면 조셉의 분노가 배가 되었기 때문이었다. 조셉은 격리실에 들어가게 되었다. 엘리자베스 선생님과 나는 초인적인 힘을 발휘하여 버둥거리는 조셉을 격리실에 밀어 넣고, 격리실 밖에서 문을 힘껏 밀며 조셉이 밖으로 뛰쳐나오지 못하게 막았다. 격리실 문에는 큰 유리창이 있어서 안과 밖에서 서로 얼굴을 볼 수 있다.

격리실 안에서 조셉은 괴성을 지르며 온갖 악담을 쏟아 냈다. 30분 이상 소리를 지르며 울면 기운이 빠질 만도 한데, 엄청난 괴력의 소유자인 것 같았다. 다행히 침을 뱉거나 오물을 투척하지 않아서 청소의 걱정은 덜었다. 소문에 의하면 화가 나서 격리실 벽을 침으로 도배해 놓거나 소변이나 대변을 싸 놓는 경우도 있다고 한다. 15분 정도 엄청난 소리로 울며 소리를 지르다가 울음은 흐느낌으로 변했고, 조셉은 차차 안정을 찾아갔다. 이 모습은 반지의 제왕에 등장하는 골룸이 반지를 쳐다보며 울다, 화내다 웃다 하는 모습과 매우 흡사했다. 얼마 후 엘리자베스 선생님은 조셉에게 차분하게 말을 걸었다.

　"조셉, 친구들과 너 자신에게 안전하게 행동해야 교실에 돌아갈 수 있단다."
　"전 안전해요. 전 이제 교실에 돌아갈 준비가 되었어요."
　"조셉, 그럼, 저쪽 구석에서 아빠다리를 하고 5분간 앉아 있으면 격리실 문을 열어 줄게."

　　조셉은 엘리자베스 선생님의 지시대로 격리실 구석에 조용히 5분간 앉아 있었다. 격리실 문이 열렸다. 조셉은 아직 격리실 안에 있는 상태이다.

"조셉, 아까 소리 지르며 교실을 휘젓고 다니는 통에 과제를 하나도 못했잖아, 그러니 이 학습지 한 장을 다 풀어야 교실에 다시 돌아갈 수 있어."

"교실에 가면 거기서 학습지를 풀래요."

"아니, 여기에서 마음을 안정시키고 수업을 받을 준비가 되면, 이 학습지 한 장을 다 풀고 그다음에 교실에 돌아갈 수 있는 거야."

"선생님이 나를 교실에 돌려보내 주면 그때 다 풀 수 있어요."

"조셉, 이 학습지에 수학 문제가 딱 2개 밖에 없단다. 그러니 이 학습지를 풀고 교실에 가자. 선생님이 도와줄게."

"선생님이 아까 교실에 가서 공부하자고 했잖아요? 기억 안 나세요?"

"학습지 한 장 다 풀고 교실에 돌아가는 거다. 그것이 규칙이야."

"선생님, 왜 거짓말을 하는 거예요? 아까 약속했잖아요. 5분간 앉아 있으면 교실로 돌아간다고요."

엘리자베스 선생님은 조셉의 말장난에 넘어가지 않았다. 단순하고 명확하게

"학습지 한 장 풀고 교실에 돌아가자."

규칙을 다시 한번 강조하고는 입을 굳게 다물었다. 조셉은 다시 큰 소리를 지르며 저주를 퍼부었다. 이번에는 격리실 문을 스스로 닫고는 불도 끄고 몹시 화가 났다는 듯 나름대로 시위를 하였다. 엘리자베스 선생님은 조용히 나에게 귀띔을 해 주었다.

"지금 조셉이 주도권 싸움을 하고 있는 거예요. 자신이 주도권을 가지려고 주어진 규칙을 이리저리 바꾸려고 하는 것입니다. 이럴 때는 긴 말로 설득하려고 하지 말고, 간단명료하게 규칙만을 말하고 조셉이 수긍할 때까지 기다려야 해요."

역시 그녀는 30년 경력의 전문가였다. 나 같았다면 방심하고 조셉을 바로 교실로 데리고 갔을 것이다. 그런데 이렇게 했다가는 규칙에 관한 주도권이 조셉에게로 넘어가게 되고, 순간 교사는 조셉의 규칙 아래로 들어가게 되는 것이다. 엘리자베스 선생

님은 교장 선생님에게 전화를 걸어 '자살 방지 상담지'를 가져오라고 부탁하였다. 아까 조셉이 죽고 싶다고 소리를 질렀기 때문이다. 조셉은 난동을 부리면서도 한쪽 눈으로는 격리실 유리창으로 엘리자베스 선생님이 어딘가에 전화를 하는 모습을 지켜보고 있었다. 한마디로 난동을 부리는 척을 하고 있었던 것이다. 조셉은 격리실 안에서 호기심에 찬 질문을 던졌다.

"선생님, 우리 엄마에게 전화하는 거예요?"

조셉은 소리를 지르는 통에, 통화 내용은 듣지 못했던 모양이다.

"교장 선생님에게 조셉이 지원실에 있다고 알렸어. 네가 갑자기 어디 갔는지 궁금해하시고 염려하실까 봐서."

조셉은 멀티태스킹의 왕자다. 울고 욕하면서도 엘리자베스 선생님과 내가 무엇을 하는지 용의주도하게 관찰하고 있었다. 이윽고 교장 선생님이 헐레벌떡 '자살 방지 상담지'를 가지고 왔다. 조셉이 '죽고 싶다'라는 말을 여러 번 했기 때문에 학교 규정상

반드시 '자살 방지 상담'을 해야만 했다. 상담지에 있는 질문들을 차례로 조셉에게 묻고 답을 들으면서 그가 진심으로 죽고 싶어 하는 것인지 아니면 단순히 화가 나서 하는 말인지는 분별해야 했다. 만약 조셉이 진정으로 자살위험에 처해 있다면 교육청의 '위기관리팀'에게 출동을 요청해야 한다. 다행히 그냥 화가 나서 뱉은 말로 판명되었다. 엘리자베스 선생님은 조셉 어머니에게 전화를 걸어 조셉이 격리실에 간 것과 죽고 싶다고 외친 것을 알렸다. 덧붙여 소아정신과 의사 선생님에게 반드시 조셉의 상황을 알릴 것을 조언했다.

엘리자베스 선생님은 일주일에 한두 번씩 조셉의 어머니와 통화를 하면서 상황을 알렸다. 작년과는 달리 조셉의 어머니도 조셉의 문제가 학교 선생님이나 수업보다는 조셉 자신에게 있을 거라는 의견을 받아들였다. 조셉의 어머니는 그동안 중단하였던 작업치료, 상담치료 등을 다시 시작하였고, 조셉을 데리고 소아정신과 의사를 찾아갔다.

불안증에 사로잡힌 조셉

ADHD 약물 복용을 시작하다

한바탕의 소동 이후, 조셉의 어머니는 소아정신과 의사가 써 준 처방전을 나와 담임 선생님, 행동수정전문가 엘리자베스 선생님에게 메일로 보내왔다. 의사 선생님은 조셉에게 ADHD와 불안장애가 의심된다고 진단을 내렸고, 상담치료와 약물을 권했다. 조셉은 집중력과 관련된 약(Adderall)을 처방받게 되었다. 의사 선생님은 조셉이 아직 너무 어리므로 우선은 집중력 관련 약물을 소량 복용해서 효과를 살펴보고 이 약이 효과를 보이지 않으면 불안증에 관련된 약을 고려해 보자고 하였다.

떠도는 소문에 의하면 미국 의사 선생님들이 정신과 관련 약물을 쉽게 처방해 준다고 한다. 그러나 실제로 경험해 보니 그렇지 않았다. 조셉이 집중력 관련 약물을 복용하기 시작하자 의사 선생님은 매일 엄마에게 전화하여 조셉의 행동에 어떤 변화가 있는지, 부작용은 없는지를 확인하였다. 정신과 관련 약물은 먹자마자 바로 효과가 나타나는 것이 아니라 사람에 따라서는 약효가 나타나기까지 2주에서 한 달 정도의 시간이 걸린다는 것을 이때 처음 알게 되었다. 어쨌든 조셉에게 집에서와 학교에서의 전방위적인 행동지원과 치료가 들어가기 시작하였다.

행동수정전문가 엘리자베스 선생님은 조셉 엄마와의 상의 끝에 몇 가지를 제안했다. 우선은 학교에서 매일 시간별 행동관찰표를 작성하여 조셉의 행동 양상에 관한 데이터를 수집하기로 하였다. 그리고 조셉의 엄마에게 날마다 이메일로 그 결과를 간략하게 보고하기로 하였다. 행동관찰 및 데이터 기록은 보조 선생님이 담당하며, 기록된 관찰표는 특수교육 선생님인 내가 엑셀 파일에 저장하여 분기별로 그래프로 산출하고 결과를 분석하여 행동수정전문가 선생님, 학교상담 선생님, 학교심리검사 선생님 그리고 부모님과 함께 만나 의논했다.

조셉이 교실에서 난동을 부릴 조짐이 보이면 바로 데리고 갈

장소를 학교에 마련하였다. 지원실은 여러 학생이 돌아가며 소그룹 수업을 해야 하므로 조섭의 분노폭발을 잠재우기 위해 사용할 공간으로는 적당하지 않았다. 그래서 빈 교실에 독서실 책상을 가져다 놓고 여벌의 교과서와 학습지를 잔뜩 두었다. 조섭이 혹시나 책상이나 의자를 집어던질까 봐서 독서실 책상 이외의 위험하다고 생각되는 물건은 모조리 치워서 휑하니 빈 교실에 책상과 의자 하나를 남겨 두었다. 이곳을 '조섭의 사무실'이라고 이름 붙이고는 조섭이 교실에서 슬슬 짜증을 내거나 소리를 지르기 시작하면 조섭에게 "조섭아, 사무실에 가서 이 학습지 풀까?"라고 제안했다. 조섭이 가지고 놀 수 있는 장난감들을 조섭의 사무실에 놓아두었고, 조섭이 좋아하는 사진들을 붙여서 친근하게 꾸며 놓았다. 최대한 조섭이 격리실에 가는 상황을 막기위한 장치이다. 조섭이 안전하게 자기 교실에서 공부를 할 수 없다면 조섭의 사무실에서 공부를 해야 한다는 인식을 심어 주려는 시도였다.

ADHD보다 불안감이 주된 원인

조셉 어머니의 적극적인 협력과 학교의 지원—조셉의 소아정
신과 의사와의 정기적인 진료, 상담치료, 가라테 수업, 집 안에
서의 미디어 시간 줄이기, 식단 조절, 약 챙겨 먹이기 등등—에도
불구하고, 그리고 집중력 향상 약물 복용에도 조셉의 행동은 나
아지지 않았다. 보조 선생님과 나는 조셉의 반 친구들과 담임 선
생님에게 피해가 가지 않도록, 조셉이 짜증을 부리거나 수업에
너무 방해가 되는 행동들이 나타나면 즉시 조셉을 '조셉 사무실'
로 데리고 가서 그곳에서 공부를 하게 하였다. 이리하여 조셉은
하루에 1시간 이상씩, 어떤 경우에는 3시간 이상 교실 밖에서 돌
아다니거나 전용 사무실에서 지내곤 하였다. 조셉이 일반 교실
에서 생활하는 시간은 전체 학교 시간의 1/3도 되지 않았고, 대
부분 시간을 복도를 울면서 뛰어다니거나 조셉 사무실에서 보냈
다. 엘리자베스 선생님은 조셉 어머니에게 조셉이 전일제 특수
반 프로그램이 있는 학교로 전학을 가야 할 것 같다는 암시를 주
기 시작하였다.

엘리자베스 선생님은 조셉의 부적응 행동이 과제를 회피하려

는 목적과 불안감에서 오는 것이라고 보았다. '아무리 불안하다고 해도 저렇게 폭력적인 행동을 할 수 있단 말인가?' '불안하다면 움츠려들거나 말수가 없어지거나 해야지 저렇게 쉬지 않고 말을 해 대고, 수시로 감정 변화가 있고 하는 행동이 과연 불안에서 오는 것인가?' '조셉의 저런 폭력적인 행동은 불안이 아니라 품행장애에서 오는 것이 아닐까?'라는 의문을 품게 되었다.

그러던 어느 날, 조셉을 돌보는 보조 선생님으로부터 조셉의 속마음을 전해 들었다. 조셉은 친구들이 자기보다 과제를 빨리 끝내는 것을 보면 화가 나고 어쩔 줄 모르겠다고 고백했다고 한다. 보조 선생님은 조셉이 안정을 찾은 후에는 진심으로 사과하며 후회하는 모습을 보이기도 하였다며 조셉을 불쌍히 여겼다. 보조 선생님의 눈에는 조셉이 화가 나는 순간에는 충동적으로 말을 하고 난폭하게 행동하다가 화가 가라앉은 후에는 자기도 어쩔 수 없는 모습에 진심으로 후회하는 모습을 보이는 것이 안쓰럽고 안타깝다고 했다.

그 말을 듣고 보니, 조셉의 행동이 이해되기 시작하였다. 조셉의 행동은 학습 과제를 잘 따라가지 못하여 뒤쳐지는 자신의 모습이 부끄럽고 불안해서 나오는 것이라는 생각이 들었다. 그러고 보니 조셉이 지각을 한 날에는 교실에 들어가지 않으려고 해서 선생님들과 옥신각신 말다툼을 하고, 또 교실에 들어가서는 유난히 난폭한 행동을 보였던 것이 생각이 났다. 가뜩이나 친구들에 비해 뒤처지는 것이 싫은데, 지각을 하여 이미 진도가 나가고 있는 교실에 들어가기 싫었던 마음이었을 것이다.

조셉의 학교 생활은 부정적인 사이클의 연속이었다. 글쓰기나 수학 과제가 주어지면 갑자기 화를 내거나 수업을 방해하는 행동을 하여 결국에는 교실에서 나오게 되고, 교실에서 나오게 되니, 수업을 받지 못하여 학습 능력은 떨어지게 되고, 학습 능력이 떨어지게 되니 더 집중이 안 되고, 다음 수업을 따라가지 못하게 되어 화가 나고, 화를 내면 또 교실에서 나오게 되고 하는 악순환의 연속이었다. 의사 선생님은 조셉의 약을 ADHD 약에서 불안증 약(fluoxetine 0.5mg)으로 바꾸었다.

더 나은 환경을 찾아서

전일제 특수학급으로 옮기다

학교에서 조셉을 전일제 특수학급으로 전학시키는 것을 조셉의 어머니에게 권하기로 결정했다. 이를 위해 조셉의 어머니와 만나기로 했다. 미팅을 가지기 전날, 엘리자베스 선생님은 조셉의 어머니에게 전화를 걸어 조셉에게 맞는 교육 프로그램이 제공되는 학교를 소개하며 미팅에서 선생님들이 제안할 내용에 대해 미리 힌트를 주었다. 조셉의 어머니가 미팅에서 갑자기 조셉이 다른 학교로 전학 가야 되겠다는 말을 들으면 너무 충격을 받을 것 같아서였다. 엘리자베스 선생님의 전화 덕분인지 미팅에서 조셉의 어머니는 순순히 선생님들의 제안을 받아들였다. 비록 눈물을 보이며 슬퍼하였지만, 모두는 조셉 어머니를 위로하며 새로운 학교에서 조셉에게 맞는 교육을 받으면 서서히 일반

학급으로 환급될 수 있을 것이라고 하였다.

조셉이 가게 된 학교는 교육청 내에 있는 일반 초등학교이다. 그 초등학교에는 일반학급들과 더불어 CCB(Cross Categorical Behavior) 학급이 있다. 이 학급은 행동 및 정서에 장애가 있는 학생들을 모아 놓았고, 교사와 보조 선생님을 합해서 3명의 어른이 학급에 항상 상주하였으며, 학급의 학생 수는 10명 이하였다. 보통 5~8명 사이의 학생들이 있다. 학생들은 조용하고 경쟁이 없는 학급 분위기에서 개별 진도에 맞추어 수업을 받으며, 집중적인 생활 지도와 훈육을 받는다. 정서적으로나 행동적으로 안정이 되면 서서히 일반학급으로의 통합을 시도하게 된다. 이 학급에서 1~2년 정도 잘 다듬어져서 일반학급으로 환급된 경우도 심심치 않게 있다고 한다.

조셉이 CCB 학급으로 전학 간 뒤, 기쁜 소식이 들려왔다. 처음에는 보조 선생님 3명이 조셉을 붙들고 씨름할 정도로 힘들었지만 지금은 보조 선생님 없이 일반학급에서 국어, 수학, 음악, 미술, 체육 수업을 의젓하게 참여한다는 것이다. 조셉도 새로운 학교 생활에 만족해하고, 무엇보다 엄마가 너무 기뻐하고 있다는 소식이 들려왔다. 조셉이 제자리를 찾게 되어 기뻤다. 조셉이 불안해하고 있다는 것을 진작에 발견하였더라면 그동안의 고생을 덜고 시간도 덜 낭비하였을 텐데 하는 생각이 밀려왔다. 전일제 특수학급에 대해 긍정적으로 생각해 보는 계기가 되었다.

이전까지는 전일제 특수학급에 대해 다소 부정적인 생각을 가지고 있었다. 많은 학부모가 장애를 지닌 자녀들이 되도록이면 일반학급에 소속되어 또래 친구들과 정규 교육과정을 밟아 나아가길 선호한다. 일반 학생들과 시간을 많이 보내야지 좋은 본보기를 통해 사회생활 경험도 익히게 되고, 좀 더 나은 교육을 받을 수 있으리라는 생각을 하는 것이었다. 그러나 조셉과 같이 심한 불안증이나 공격성을 가진 경우, 일반학급에 있으면서 많은 사건 사고의 주인공이 되고, 이것은 본인에게 부메랑이 되어 부정적인 사회성과 사회관계, 낮은 자존감을 형성하게 하는 일이 비일비재하다. 저학년일 때 집중적인 사회성 교육과 전문적인 특수교육 및 상담·의학 치료를 통해 분노나 공격성이 잘 조절되고, 본인이 감정을 조절하는 방법에 익숙해진 후에 서서히 일반학급에서 생활하는 시간을 늘려 나가는 방식이 학교 생활에 어려움을 겪는 학생에게 오히려 더 나은 방법일 수도 있겠다.

불안증으로 인한 위험 행동

조셉 덕분에 '불안장애(Anxiety Disorder)'에 대해 눈을 뜨게 되었으며, 불안장애가 어린이에게도 있다는 것을 알게 되었고, 이것이 전반적인 학교 생활에 얼마나 심각하고 많은 영향을 끼치는지를 직접 목격하는 계기가 되었다. 격리실에 갇혀서 울며불며 불안해하는 조셉은 마치 반지의 제왕에 나오는 골룸이 반지를 만지작거리며 울다가 웃다가 하는 광경과 매우 비슷하였다. 엄마가 방과 후에 집에서 파티를 열어 준다고 하는데도 그 사실 자체가 불안하여 어쩔 줄 몰라 하던 조셉. 교실에 있으려고 하니 과제가 너무 어렵고, 남들이 자기보다 잘하는 것이 싫고, 교실을 나가자고 하니 자기가 없는 사이에 친구들이 재미있는 활동을 할까 봐 신경질이 나고. 이러지도 저러지도 못해 공격적이 되는 조셉의 불안을 두 눈으로 보았다. 사람이 불안하면 숨고, 위축되는 줄만 알았는데, 불안하기 때문에 공격적이고 파괴적인 행동을 할 수도 있다는 것을 알게 되었다. 골룸과 스미골이 서로 하나의 육체 안에서 싸우며 갈등을 겪은 것처럼 조셉을 보고 있노라면 급격한 희로애락의 변화와 옳은 일과 옳지 않은 일 사이를 오락가락하면서 갈피를 잡지 못하는 한 인간을 마주하게 되었다.

Quay와 Peterson(1987)[*]은 정서장애를 6가지로 분류해 놓았다.

- 품행장애(Condoct Disorder): 반사회적, 과격한 행동, 방해하는 행동, 분노 표출, 떼쓰기, 비협조적으로 행동하기, 논쟁하기, 다른 사람들을 놀리기, 남 탓하기, 이기적으로 행동하기, 못된 행동하기

- 사회화된 공격(Socialized Aggression: SA): '나쁜' 사람들과 어울리며 발생하는 행동들과 관련된다. 예를 들면, 폭력 조직에 가담하거나, 절도, 사기, 거짓말, 무단결석, 가출, 법을 어기거나 도덕적 규범을 어기는 사람들을 추종하는 경향

- 집중력의 문제들—미성숙한 경향(Attention Problems-Immaturity: AP): 짧은 집중력 유지 시간, 쉽게 주의력을 잃는 경향, 충동적으로 행동하기, 또래보다 어리게 행동하기, 지시를 따르기 어려워함.

- 불안(Anxiety Withdrawal: AW): 불안, 회피, 과도한 자기 자각, 예민함, 우울함, 두려움, 결정 내리기를 어려워함, 몸이 아프다고 자주 이야기함.

---

[*] Quay, H. C. & Peterson, D. R. (1987). Manual for the revised behavior problem checklist. odessa, FL: Psychological Assessment Resources.

- **정신병리학적 행동(Psychotic Behavior: PB)**: 현실과 환상을 구분하기 어려워함.

- **운동 과잉(Motor Excess: ME)**: 과도하게 활동적임, 가만히 앉아 있는 것이 어려움, 몸을 꿈지락거리며 움직임, 긴장한 것처럼 보임.

이 분류에 의하면 조셉은 품행장애, 집중력의 문제, 불안을 가지고 있었다. 조셉의 이러한 행동들을 완화하고 관리하기 위해 시도한 방법은 여러 가지가 있었다.

- **정리 정돈된 환경**: 조셉의 자리를 언제나 선생님 가까이에 배치하였다. 조셉이 친구들에게 공격적인 행동을 빈번하게 하여서 조셉은 모둠 책상에 앉지 않고 선생님 가까이의 개인 책상에 앉았다. 조셉 주변에는 풀, 가위, 뾰족한 연필, 색연필 등을 치워 조셉의 집중력을 떨어뜨리지 않게 하였고, 조셉이 집중을 잘하지 못하거나 신경질을 내는 상황이 되면 빈 교실에 마련한 조셉의 사무실로 가서 조용히 과제를 끝마칠 수 있도록 하였다.

- **시각자료의 활용**: 조셉이 하루 동안 어떤 스케줄이 펼쳐질지

한눈에 알아볼 수 있도록 그림 시간표를 책상 위와 조셉의 사무실, 지원실에 붙여 놓고, 불안을 덜 수 있게 하였다. 조셉에게 지시를 내릴 때에는 언제나 차분한 음성으로 간단명료하게 이야기하였고, 반어법이나 냉소적인 어법 또는 실없는 농담 등은 하지 않았다. 조셉이 흥분하여 소란을 피울 때는 조셉을 둘러싼 선생님들은 침묵을 유지하였고, 말로 지시를 내리기보다는 그림카드로 조셉이 해야 할 일들을 지시하기도 하였다. 상황이 너무 급박하여 그림카드를 찾을 수 없을 때에는 "조셉, 사무실로 가자." 또는 "자리에 앉아라." 와 같이 간단한 지시를 오직 한 사람만 하였다. 여러 사람이 동시에 말하지 않고 조셉을 제어하거나 격리실로 데리고 갈 때에는 그 상황을 리드하는 한 선생님만이 조셉과 의사소통을 하게 하였다.

- **명확한 규칙과 책임**: 제자리에 머무르기, 선생님 말 듣기, 고운 말 쓰기 등 명확하고 간단한 규칙을 반복해서 제시하고 규칙을 지키지 않았을 때에는 어떤 결과(벌)가 주어지는지 정해 놓았다. 여기에 더불어 규칙을 잘 지키고 주어진 과제를 완성하였을 때에는 스티커를 얻을 수 있고, 일정 개수의 스티커를 얻으면 쉬는 시간을 얻거나, 색칠공부, 컴퓨터 게임

등의 보상을 얻을 수 있도록 하였다.

- **심부름 또는 봉사하기**: 학급이나 선생님에게 도움을 주는 경험을 주기 위해, 특별 심부름을 시켰다. 예를 들면, 음악, 미술, 체육, 도서관 등의 수업을 가기 위해 줄을 설 때, 줄 맨 앞에 파일을 들고 서서 특별과목 선생님에게 파일을 건네주는 일을 하거나, 서무실에 친구들의 점심값이 담긴 주머니를 전달하거나 하는 일을 시켰다.

이렇게 여러 가지 방법을 시도하였지만 변화가 많고, 많은 학생과 더불어 생활해야 하는 일반학급 상황에서는 이러한 방법들을 꾸준하고 정확하게 실천하기란 어려웠다. 그러나 조셉이 CCB 학급으로 전학 가서는 그것이 가능하였다. 왜냐하면 선생님 3명이 조셉에게 달라붙어 집중적으로 교육을 할 수 있었기 때문이다. 또한 학급 환경을 조셉의 상황에 맞게 통제할 수 있었기 때문에 조셉이 저학년일 때 감정을 조절하고 규칙을 지키는 습관을 길러 줄 수 있었다.

자료 1. 긍정적 행동지원계획서

조셉이 일반학급에 통합되어 있을 때, 즉 전일제 특수학급으로 전학 가기 전에 작성한 긍정적 행동지원계획서이다.

행동지원계획서

학생 본인 및 타인의 학습을 방해하는 행동들의 개선을 위한 계획

- 이름: 조셉 ____ 학교: 우주초등학교
- 학년: 1학년 ____ 개별화교육계획안 유효 날짜 또는 모임 날짜: 9/7/2021
- 행동수정계획 모임 날짜 : 9/7/2021

참석자	지위 / 역할	서명
브리아스	부모	
조세핀	담임교사	
티아라	특수교육 교사	
신경아	특수교육 교사	
엘리자베스	행동수정전문가	
로버트	행정가 대표	
샤일라	작업치료사	
레이첼	학교심리상담가	

해당란에 체크하시오.

☐ 일반교육

☑ 특수교육 장애명: 발달지체 ____ 개별화교육 계획 날짜: 9/7/2021

☐ 504 플랜 날짜: _____

* 관찰된 위험 또는 수업방해 행동들

관찰된 행동들	대체할 수 있는 행동들
안전하지 않은 행동들: 때리기, 발로 차기, 깨물기, 할퀴기, 침 뱉기, 교실 밖으로 나가기, 학교에서 무질서하게 뛰어다니기, 타인에게 물건을 던지기, 자신 또는 타인을 해하겠다고 협박하기	**학교의 규칙: 안전하게 행동하기** 조셉은 감정 조절 방법들을 사용하고 감정을 조절하는 데 있어서 어른들의 도움을 기꺼이 받아들인다.
수업을 방해하는 행동들: 큰 소리로 말하기, 소리 지르기, 자기 차례가 아닌데 큰 소리로 답이나 의견을 말하기, 교실에서 돌아다니기, 떼쓰며 울기	**학교의 규칙: 존중하기** 조셉은 보조 선생님이나 선생님의 충고나 경고를 잘 받아들이고 따르며, 조용한 장소에서 생각 시간을 가진다.

* 데이터 수집 방법

규칙이나 지시를 따르지 않는 행동의 빈도수

행동 데이터 분석 결과

공격적인 행동

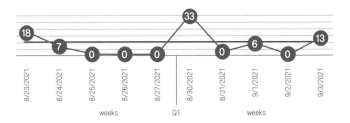

공격적인 행동 - 시간대별

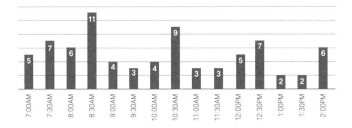

수업 방해 행동

수업 방해 행동-시간대별

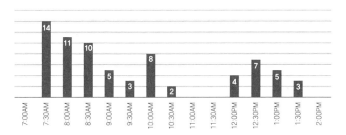

규칙이나 지시를 따르지 않음

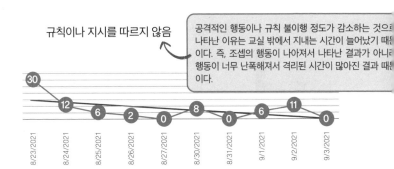

공격적인 행동이나 규칙 불이행 정도가 감소하는 것으로
나타난 이유는 교실 밖에서 지내는 시간이 늘어났기 때문
이다. 즉, 조셉의 행동이 나아져서 나타난 결과가 아니라
행동이 너무 난폭해져서 격리된 시간이 많아진 결과 때문
이다.

규칙이나 지시를 따르지 않음 – 시간대별

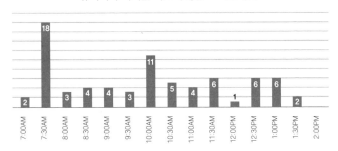

수업 이탈 시간

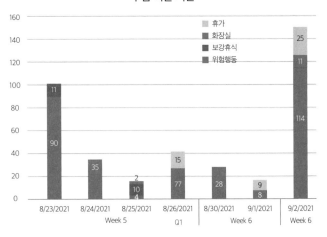

* 행동 목표들

■ 조셉이 화가 나거나 신경질 나는 상황—선호하지 않거나 어려운 과제를 해야할 때, 급우들의 행동이 거스른다고 느껴질 때—이 발생하였을 때, 조셉은 안전하게 행동함으로써 안전하지 못한 행동—타인을 향해 신체적으로 반항적인 태도를 취하는 것, 밀기, 때리기, 발걸기, 할퀴기, 깨물기, 물건 던지기, 장소에서 이탈하기, 욕하기—의 빈도수를 일일 5회 이하로 줄인다. 조셉의 행동은 교사가 제작한 행동관찰표에 기록하며, 매 학기마다 보고한다.

> 기준 데이터란 시작점이 되는 데이터를 말한다. 즉, 목표를 어느 정도 달성하였는지를 측정할 때 기준이 되는 데이터이다.

  • 기준 데이터: 1일 평균 25회의 안전하지 못한 행동 보임.

■ 수업 시간 중에 조셉은 급우들의 학습을 방해하지 않고 자기 과제를 충실히 한다. 수업 방해 행동을 일일 평균 20회 이하로 줄임으로써 목표 달성 여부를 확인한다(수업 방해 행동은 2회 이하의 교사의 안내나 충고에도 불구하고 방해 행동을 지속하였을 경우에 한해 데이터를 수집한다).

  • 기준 데이터: 1일 평균 47회의 수업 방해 행동

■ 어른이 지시를 했을 때, 조셉은 2회의 경고나 안내 이내에 지시를 따른다. 어른의 지시를 따르지 않는 행동을 하루 15회 이하로 줄임으로써 목표 달성 여부를 확인한다.

  • 기준 데이터: 하루 평균 29회의 지시 불이행

* 수집할 데이터

  날마다 다음의 데이터를 수집한다.

  • 안전하지 않은 행동의 빈도수
  • 수업 방해 행동의 빈도수
  • 권위를 따르지 않는 행동의 빈도수(지시 불이행의 빈도수)
  • 교실 밖에서 지내는 시간 및 그 이유

문제행동을 유발할 수 있는 상황에서 도움이 되는 방법들

선행사건들	원인 상황을 완화하거나 대체할 수 있는 방법들:
• 선호하지 않는 과제들(읽기/쓰기)이 주어짐 • '읽기/ 쓰기'라는 말을 들었을 때 • 선호하는 보조 선생님이 곁에서 떠났을 때 • 전환(한 수업이 끝나고 다음 수업으로 넘어갈 때, 감각통합실에서 활동을 마치고 다음 활동으로 넘어갈 때, 중간 놀이 시간을 끝내고 다음 활동으로 이동하려고 할 때 등등) • 모둠 포인트 또는 학급 보상이 이루어질 때(계속해서 모둠 점수판에 신경을 씀) • 어른들이 지시를 내릴 때	• 조용한 장소에서 과제하기(현재 빈 교실에서 과제를 하게 함. 조셉은 이 빈 교실을 '사무실'이라고 부름. 교실을 사진과 그림으로 꾸몄음) 사무실에서 감각통합 도구들을 이용할 수 있게 허용하기(스폰지볼, 무게감이 있는 담요, 조용한 음악, 껌을 씹을 수 있게 허용하기) • '먼저/그다음에' 전략 사용하기(예, "먼저 쓰기 24쪽을 풀고 그다음에 사무실에 가서 5분 휴식하자"라고 말하기) • 선호하지 않는 과제를 끝냈을 때 스티커 긍정적인 보상을 주기 • 전환(이동)을 잘했을 경우 보상을 주기 • 다음 활동에 대해 알려 주고 미리 안내하기 • 안전하게 행동하기, 지시 따르기, 과제를 집중해서 제시간에 끝내기 등과 관련된 소셜 이야기를 활용하기 • 시각적 일과표 제공하기 • 시각적 안내 자료 제공하기(조셉이 화를 내기 시작하면 구두 언어 사용을 최소화하고, 시각적 자료를 사용하기) • 조셉은 학급용 모둠 포인트나 보상 시스템에서 당분간 제외하기 • 다른 학생들 앞이 아닌 곳에서 행동이나 자세에 대한 충고나 바른 태도 안내 또는 대안 제시하기 • 지원실에서 소그룹 또는 일대일 읽기 수업 제공하기 • 몸을 움직일 수 있는 짧은 쉬는 시간 주기(산책, 무거운 짐 들고 왔다갔다하기, 감각 통합실 이용하기)

	조셉의 개인 책상이 있는 21호 교실(조셉 사무실)에 시각 자료들과 일정표를 게시해 놓고, 일반 교실에서 조셉 사무실로 옮겨 갈 때, 조셉과 논쟁하지 않기(조셉의 불평불만에 대꾸하거나 이를 놓고 논쟁하지 말고, 조셉이 당장 할 일을 간단명료하게 지시하기)

* 부정적 행동을 대체하기 위한 강화물

- 조셉이 안전한 행동, 존중하는 태도 그리고 책임감 있는 행동을 보였을 경우, 무작위로 학교 쿠폰을 얻을 수 있게 한다.
- 조셉은 개인용 스티커 판에 안전한 행동, 선생님의 지시를 잘 따르는 행동을 보였을 경우 스티커를 얻을 수 있고, (   )만큼의 스티커를 얻게 되면 선택 활동 중 하나를 할 수 있다.

* 개입 절차(부정적인 행동이 나타났을 경우 따라야 할 순서)

■ 안전하지 못한 행동
- 만약 조셉이 안전하지 않은 행동을 할 경우, 안전한 장소로 가라고 지시한다. 조셉의 사무실 또는 특수교육 교실로 가도록 인도한다.
- 사무실 또는 특수교육 교실에서 평정심을 찾고 감정 조절을 잘할 수 있을 때까지 머문다.
- 조셉은 그곳에서 주어진 과제를 해야 한다(색칠공부나 기타 놀이거리를 해서는 안 된다. 이 시간은 안전상 교실에서 과제를 할 수 없기 때문에 장소를 옮겨 과제를 완수하는 시간이지 휴식 시간이나 노는 시간이 아님을 분명하게 한다).

■ 수업 방해 행동
- 조셉이 학생들의 학습을 방해하는 행동을 하였을 경우, 조셉을 개인적으로

잘 타이르며 주어진 학습을 끝낼 것을 종용한다. 조셉에게 스스로 자신의 행동을 바르게 할 기회를 준다.

- 조셉이 자신의 행동을 바로잡았을 경우 보상을 준다. 만일 계속해서 수업 방해 행위를 할 경우, 두 번 타이르고 또다시 행동을 바로잡을 기회를 준다. 만일 두 번의 기회에도 불구하고 계속해서 수업 방해 행위를 할 경우, 안전한 장소로 조셉을 안내한다.
- 조셉은 안전한 장소에서 주어진 과제를 차분하고 감정이 조절된 상태에서 완수한다.

■ 특수교육 교실이나 빈 교실에서 사용할 감정 조절 방법
- 감각통합 도구나 감정 조절 도구를 사용할 수 있도록 한다.
- 시각적 자료를 제공해서 조셉의 학습에 도움이 되게 한다.
- 말하기를 제한한다(논쟁을 시작하거나 불평불만을 입 밖에 내는 것을 제한한다).
- 선택권을 준다.
- 조셉이 신체적으로 차분해질 때까지 기다려 준다. 그 후에 다음 해야 할 과제나 일을 제시한다.
- 언제, 어떻게 해야 일반 교실로 되돌아갈 수 있는지를 명확히 조셉에게 전달한다.

자료 2. 조셉의 감각통합계획서(처방전)

조셉은 프리스쿨 때부터 음식이 아닌 것들을 입에 넣고 우물거리거나 물건을 만지고 집어던지는 등의 행동을 보였다. 그래서 학교에서는 꾸준히 작업치료를 진행해 왔다. 1학년이 되어서는 감각통합과 관련된 이상행동이 많이 나아져서 작업치료사로부터 직접적인 수업을 받지는 않는다. 대신 작업치료사가 조셉에게 맞는 여러 가지 감각통합처치법을 계획하여 제공하였다. 조셉의 '개별화교육계획안'에는 작업치료사와 특수교육 교사가 한 학기에 한 번 30분씩 협의하도록 계획되어 있다.

조셉의 감각통합계획표/기록표/처방전

조셉은 다음과 같은 도구를 이용할 수 있어야 함.

* 개별화교육계획안에 기재할 사항들:

- 조셉의 신체 및 감정 조절을 위해 흔들의자(스툴), 조용한 코너, 피젯토이, 껌 등을 학교에서 사용할 수 있도록 허용해야 한다.
- 운동 시간 제공: 일과 중에 몸을 움직일 수 있는 시간을 제공해야 한다. 특별히 좋아하지 않는 활동을 하기 전에 이러한 시간을 제공한다(운동의 예: 스트레칭, 무거운 물건을 운반하기, 동물처럼 걷기, 벽 밀기, 터널 속을 기어가기, 팔 벌려 뛰기, 책이 담긴 상자나 가방을 서무실에 운반하기, 무거운 공 주고받기).
- 의자 다리에 고무밴드 감아 두기(조셉이 발로 의자 다리를 차거나 의자를 위험하게 까닥거리지 않게 의자 다리에 밴드를 감아 발걸이를 만들어 줌)
- 감정을 조절할 수 있는 공간을 교실 한쪽에 마련해 두기, 빈백(Beanbag)의자나 흔들의자 등을 비치하기, 그곳에서 조용히 앉아 숨쉬기하기
- 자기 자리에 앉거나 카펫에 앉아 있을 때 무릎 위에 무거운 담요 얹어 놓기

* 감각통합 활동을 위한 시간은 5~10분으로 제한한다.

* 감각통합 시간 운영의 예

경우에 따라 시간 할당은 달라질 수 있음.

인간의 신경계는 끊임없이 변화하는 시스템이다. 좋아하거나 효과적인 활동이 날마다 달라질 수도 있다. 다음의 감각통합 처방은 반드시 따라야만 하는 계획표는 아님을 일러둔다, 다음의 처방전은 감각통합 시간 운영을 쉽게 시작할 수 있는 첫 단계라고 볼 수 있다. 만약 다음의 활동 중 효과적이지 않은 활동이 있다면 다른 활동을 시도해 볼 수도 있다. 활동을 지속하는 시간에 변화를 줄 수도 있다. 매일 같은 활동을 같은 시간에 하기보다는 변화를 주어 보길 권한다.

아침(초기): 자리에 앉아서 하는 활동 중에, 무릎 위에 무거운 담요(weighted lap pad)를 올려놓거나 특수 조끼(weighted vest)를 입힌다. 의자에 무거운 것을 테이프로 고정하고 조셉에게 의자를 이쪽 코너에서 저쪽 코너로 밀게 한다(몸에 압력을 가하고 힘을 쓰는 활동하기).

쉬는 시간: 조셉에게 주는 개인 휴식 시간. 그네를 타라고 권한다. 그네를 타면 마음이 쉽게 차분해진다(전정신경).

*참고- 압력을 주는 활동 후에 전정신경 자극 활동을 하고 교실로 돌아간다.

아침(중기): 의자를 디디고 팔 굽혀 펴기(압력 활동), 벽을 밀치면서 팔 굽혀 펴기

아침(후기): 큰 공에 앉아 바운스 하기(몸에 압력 주기)

쉬는 시간/점심시간: 쉬는 시간에는 그네를 타게 하거나 앞에서 제시한 압력 활동들을 하기

오후(초기): 책을 여러 권 쌓아 교실 한쪽에서 다른 쪽으로 들고 옮기기, 상자에 책을 넣어 무게감을 있게 한 후, 들고서 운반하게 하기(압력 활동)

쉬는 시간: 그네를 타라고 권함.

오후(후기): 조용한 공간에서 책을 읽거나 요가를 하게 함.

조셉에게 적합한 감각통합 활동의 예

- 신체활동(Movement breaks)
  - 서무실에 쪽지 전달 심부름하기
  - 친구들에게 학습지나 준비물 나눠 주기
  - 물 마시기
  - 산책하기
  - 과제를 다양한 자세로 할 수 있도록 허락하기(서서 과제하기, 바닥에 앉아서 쓰기나 색칠하기 활동)

- 교실에서 할 수 있는 압력 활동
  - 교실에서 줄 설 때 벽을 밀거나 붙잡고 있게 하기
  - 칠판을 지우거나 책상을 닦기
  - 의자를 쌓아 올리거나 반대로 쌓여 있는 의자를 제자리에 놓는 활동하기
  - 급식실에 무거운 물건 가져가기
  - 도서관 대출 책들 도서관에 반납하기

  구강 자극 활동
  - 부모님의 동의하에 껌, 사탕, 육포나 빨대를 씹도록 허용하기

  급식실, 체육관, 도서관 그리고 놀이터에서 할 수 있는 압력 활동
  - 급식실에서 테이블 닦기
  - 체육관에서 운동기구 정리하는 것을 돕거나 쓰레기 줍기
  - 도서관에서 책 정리하기
  - 쉬는 시간에 정글짐 올라가기, 달리기, 점핑하기, 한 발 뛰기 등의 신체활동을 권하기

자료3: 조셉을 위한 사회생활 이야기

언어치료 선생님이나 작업치료 선생님은 여러 종류의 사회생활 이야기 틀을 가지고 있다. 그분들께 부탁하여 조셉의 이름과 사진을 넣어 이야기책을 만든다. 워드 파일이나 PPT 파일로 된 기본 틀에 이름과 사진만 바꿔 출력하여 코팅한 후, 제본해서 책으로 만든다. 이 책을 매일 아침 또는 틈나는 대로 조셉에게 읽어 준다.

조셉의 학교 생활

조셉은 학교에서 안전하고, 예의 바르고 책임감 있게 행동합니다.

학교에서 조셉은 어른과 함께 있으며,
복도를 걸을 때도 어른과 함께 걷습니다.

안전한 손

안전한 발

학교에서 조셉은 손과 발을 안전하게 사용하고, 허락 없이 남의 물건을 만지지 않습니다.

학교에서 조셉은 잠깐 휴식을 요청할 수 있습니다.

학교에서 조셉은 공부시간에
과제를 열심히 그리고
책임감 있게 합니다.

조셉은 교실에서 조용히 합니다.

조셉이 안전하게,
책임감 있게 그리고
예의 바르게 행동하면
학교는 즐겁고 재미있는
곳입니다.

04

/

빌런이 되어 버린 수전

수전은 유치원생 여자아이다. 베트남어를 쓰는
엄마와 할머니 그리고 영어를 사용하는 아빠, 언
니와 함께 생활한다. 학교에서 보이는 위험 행동
으로는 교실에서 도망치기, 폭언하기, 감각이상
증세를 보이는 것이다. 어른들의 관심에 집착하
여 원하는 때 원하는 관심을 받지 못하면 괴성을
지르며 폭언을 퍼붓는다. 유치원 학기 중반에 특
수교육 진단을 받고 특수교육을 받기 시작했다.

폭력으로 관심을 끄는 수전

거친 말과 공격적인 행동

가냘픈 체구, 동양적 외모를 지닌 수전. 앞니 빠진 얼굴로 환하게 웃는 모습이 천진난만했다. 수전은 유치원 학생이었다. 베트남 어머니와 백인 아버지의 다문화 가정 소녀였다. 학기 초에는 다른 장난꾸러기들에 가려서 두각을 나타내지 않았었지만 교실 분위기가 어느 정도 안정되자 수전은 유치원 교실에서 으뜸으로 이름이 자주 불리는 학생이 되었다.

"유치원 교실에서 여학생이 교실 밖으로 뛰쳐나갔습니다. 도움을 요청합니다."

"유치원 3호실에서 도움을 요청합니다."

수전이 교실 밖으로 뛰쳐나갔다는 무전, 교실에서 난동을 부리니 좀 와 달라는 도움 요청이다. 유치원 교실에는 자폐 스펙트럼 장애를 지닌 미셸을 돕기 위해 보조 선생님이 계셨다. 하지만 수전이 워낙 자주 교실을 뒤엎어 놓는 통에, 보조 선생님은 장애가 있는 미셸은 내버려 둔 채, 우선 급한 불인 수전을 제어하고 돌보는 데 대부분의 시간을 보냈다.

수전의 문제행동은 거친 말과 공격적인 행동이었다. 수전의 원색적이고 거친 말과 행동은 타의 추종을 불허했다. 목소리의 톤과 악담을 퍼붓는 시간을 고려하자면 사이먼, 메리앙, 조셉을 가볍게 넘어섰다. 더욱이 유치원 나이에 이러한 말과 행동을 한다는 것은 직접 보지 않고서는 믿기 어려울 정도였다. 할퀴기, 침뱉기, 발로 차기, 찌르기 등의 행동은 수업에 대단히 방해가 되었지만 뚝배기 깨지는 듯한 목소리로 10분 넘게 외치는 말들은 유치원 교실에서 감당하기 힘든 수준이었다.

"입 닥쳐!"
"못생긴 주제에. 넌 이 세상에서 가장 못생겼어."
"눈깔을 파 버릴 거야."

"목을 베어 버릴 테다."

"이 쓰레기 자식아!"

"너를 목매달아 죽일 거야."

"난 죽을 거야."

"이 토 나오도록 역겨운 자식아!"

"선생님은 우리 가족이 죽기를 바라는 거예요?"

"날 더 이상 사랑하지 않는 거예요?"

    수전은 순진무구한 유치원 급우들 앞에서 이런 말들을 내뱉었다. 어른들에게도 거침없이 욕을 퍼부었다. 수전의 친구들 중에는 태어나서 이런 말을 처음 들어 본 학생들도 있을 것이다. 수전은 화가 나면 책상 위에 놓인 가위를 집어던지기도 했고, 연필로 책상을 꾹꾹 내려찍기도 하였다. 크레파스를 똑똑 부러뜨려 놓고, 던지기도 했다. 보조 선생님이 곁에 있었을 때에는 얼른 수전의 손을 잡고 교실 밖으로 나와 산책을 하거나 지원실로 데리고 왔다. 그러나 보조 선생님이 늘 옆에 있는 것은 아니었다. 보조 선생님들이 아파서 결근을 하기도 하고, 워낙 일손이 부족하여 한 명의 보조 선생님이 이 교실, 저 교실을 왔다 갔다 하며 여러 명의 학생을 돌보고 있던 상황이었다.

관심받고 싶어 하는 수전

　수전은 관심받기에 집착했다. 돌아가며 발표를 하는 시간에도 자신이 지목받지 못하면 곧 분노 폭발이 일어났다. 혼자 조용히 학습지를 푸는 시간에도 큰 소리로 선생님에게 도움을 요청했고, 다른 친구를 도와주느라 선생님이 잠시 기다리라고 말하면 이내 "선생님은 절 사랑하지 않는 거예요?" "왜 절 미워하나요?"라고 큰 소리로 외치며 조용한 학급 분위기를 엉망으로 만들었다. 수전의 분노는 곧 공격적인 행동으로 이어져, 친구들에게 괜스레 소리를 지르기도 했고, 물건을 던지며 시험지를 꾸기기도 했다.

　담임 선생님이나 보조 선생님에게 지적을 받게 되면, 이것이 또한 수전의 분노 기폭제가 되었다. 수업 시간에 잠바를 가지고 만지작거리는 행동, 소매 끝이나 연필 끝을 입으로 물어뜯거나 하면, 다소 엄격한 담임 선생님은 이를 하지 말라고 한다. 그러면 이 말에 수전은 분노하기를 시작한다. 바로 "왜 날 사랑하지 않는가" "날 미워하는가" 그리고 "날 죽이려는가" 하는 분노의 외침이 시작되는 것이다. 상대방에게 거절당했다고 생각되었을 때도 분노를 표출하였다. 친구들 사이에 자기가 끼지 못한다고 생각할 때도 비약적으로 자신이 버림받았다고 생각하며 이를 거침없이 원색적인 단어로 표현했다. 수전의 분노 표현은 나이에 비해 상당히 미성숙했다. 수전의 언어는 조직 폭력배 아저씨들의 것이었지만 행동은 땅바닥을 구르며 울기, 힘껏 소리 지르기, 도망치기, 물건 마구 던지기, 손에 잡히는 것 다 잡아 뜯기, 혀로 교실 여기저기 핥기 등 어린 아기의 것이었다.

행동지원이 시작되다

수전의 특별관리가 시작되었다. 수전의 행동들이 관찰, 기록되기 시작하였고, 담임 선생님은 매일 수전의 아버지에게 이메일로 수전의 학교 생활을 알렸다. 수전이 화를 내지 않도록 여러 가지 시각 자료와 스티커 차트, 감각통합 도구 등이 교실에 비치되었다. 담임 선생님은 2년 전, 수전의 언니를 맡았었기에 수전의 가족을 알고 있었다. 수전의 두 살 터울인 언니는 그림을 매우 잘 그리는 얌전한 모범생이었다고 한다. 어머니가 영어에 능숙하지 않아서 수전과 관련된 학교 일에 관해서는 전적으로 아버지가 나섰다. 수전이 아프거나 학교에서의 행동이 걷잡을 수 없이 난폭해져 집에 전화를 걸면, 항상 아버지가 학교로 오곤 하였다. 가정에서 수전을 돌보는 사람들은 주로 엄마와 외할머니라고 했다. 수전은 하교 후에 2학년인 언니와 곧장 외할머니 댁으로 가서 시간을 보냈다. 외할머니는 낮에 수전 자매뿐만 아니라 갓난아기도 돌본다고 했다. 수전은 때때로 갓난아기를 흉내내기도 했고, 화가 날 때면 "이런 바보 같은 아기라니!"라며 소리를 쳤다.

수전의 부정적인 행동들에 관한 관찰 및 데이터 수집이 진행되면서 수전의 행동 패턴들이 파악되기 시작하였다. 수전은 교사의 관심을 받지 못한다고 느꼈을 때, 지루할 때, 원하는 것을 즉시 얻지 못했을 때 분노 폭발을 했다. 수전이 분노 폭발 조짐을 보이면, 보조 선생님이 수전을 달래며 다른 활동으로 관심을 돌리기도 하고, 교실 밖으로 데리고 나가 산책을 하기도 했다. 그런데 수전이 부정적인 행동으로 관심을 얻어 내려는 경향이 짙어지자, 담임 선생님과 보조 선생님은 수전의 이런 관심끌기 반응에 계획된 무대응으로 대처하기로 했다. 수전이 바르게 행동을 할 때에만 관심과 사랑을 주기로 전략을 바꾼 것이다.

"수전, 조용히 해. 다른 친구들의 학습에 방해가 되는구나."라며 수전의 떼를 받아 주지 않고 무대응으로 일관하자, 수전의 울음소리는 점점 더 커졌고, 급기야는 수전을 쳐다보는 친구들에게 가위나 지우개를 던지며 화풀이를 하는 지경에까지 이르게 되었다. 수전은 또래 수준의 지능과 학습능력을 가진 것으로 보였지만 웬일인지 정상적인 방법으로 선생님의 칭찬을 받기를 포기한 어린이 같았다.

고립되어 가는 수전

수전이 소란을 피울 때마다 담임 선생님은 무전기로 도움을 요청했다. 어떤 때에는 수전의 행동이 너무 난폭하여, 담임 선생님은 수전을 출동한 다른 선생님과 함께 교실에 남겨두고, 나머지 반 학생들을 이끌고 놀이터로 가거나 아니면 도서관 등으로 대피하기도 했다. 문제행동을 보이는 학생이 교실 밖으로 나가는 것을 거부하거나 그 학생이 너무 난폭하여 가까이 다가갈 수 없을 때에는 학생을 물리적으로 제압하지 않고, 대신 나머지 학생들과 선생님을 교실 밖으로 대피시키는 것도 학교에서 흔히 쓰는 방법 중 하나이다. 관중을 제거하면 의외로 공격적이고 무절제한 학생의 행동이 금방 시들해지는 경향이 있기 때문이다. 난동을 부리는 학생을 제압하려고 무리하게 물리력을 사용하다가 나중에 고소를 당하거나 사람이 다치는 경우가 발생할 수 있기 때문에 차라리 나머지 사람들을 피하게 하는 것이 더 나을 수도 있다.

담임 선생님과 친구들이 모두 복도로 나간 뒤, 보조 선생님과 홀로 남겨진 수전은 대부분 교실 구석에 쭈그리고 앉아서 울곤 하였는데, 빨리 교실에서 수업활동을 이어 가야 할 경우에는 수전을 잘 다독여서 지원실로 데리고 가고, 마침 쉬는 시간이나 점심시간이어서 담임 선생님과 급우들이 교실 밖에 있어도 될 경우에는 엉망이 된 교실을 수전이 치우도록 하였다.

수전은 모둠별 책상이 아닌 개인 책상에 혼자 앉게 되었다. 담임 선생님의 결정이었다. 안전이 그 이유였다. 이로부터 유치원 생활 내내 수전은 모둠 책상에 앉지 못했다. 수전의 과격한 행동과 말에 담임 선생님과 친구들이 정신적으로 지쳐서 새로운 시도를 할 의욕을 잃었던 것도 큰 이유였다. 참 안타까운 일이었다. 그런데 보조 선생님도 제대로 배치되지 못하고, 수전 이외에도 자잘한 손길이 많이 가는 유치원생들을 돌봐야 하는 담임 선생님의 입장도 이해가 되었다. 혹시라도 금쪽이 같은 유치원생들 얼굴이 가위나 연필로 찍힌 상처라도 나면 그것은 걷잡을 수 없는 사건으로 발전할 것이 불을 보듯 뻔한 상황에서 담임 선생님은 분노 조절이 잘 관리되지 않고 있는 수전을 모둠 책상에 앉히는 모험을 감수할 수는 없었으리라.

공격적인 행동은 유튜브 시청 탓?

수전의 아버지

1학기(4학기제)가 거의 끝나갈 무렵, 수전의 아버지를 불러 여러 선생님과 공식 미팅을 가졌다. 교장 선생님, 담임 선생님, 행동수정전문가 선생님, 학교상담심리 선생님, 상담 선생님 그리고 특수교육 선생님인 나와 함께 만났다. 엘리자베스 선생님이 수전의 학교 생활을 숫자와 그래프로 보여 주었다. 심각성이 실제적으로 다가왔다. 수전의 아버지는 점잖게 결과를 들으셨다. 그를 직접 만나기 전까지는 나는 머릿속으로 굉장히 난폭하고 이상한 사람을 상상했다. 수전의 공격적인 행동들과 내뱉은 온갖 욕설들은 분명 집에서 배운 것이라는 생각을 했었다. 그러나 놀랍게도 수전의 아버지는 그런 것과는 거리가 멀어 보였다. 이야기를 잘 듣고 있었을 뿐만 아니라 동의하지 않는 부분에 대해서도 점잖고 예의 바르게 자신의 의견을 제시했다.

도대체 수전의 공격적인 말과 행동들은 어디에서 나온 것이란 말인가? 알쏭달쏭했다. 수전의 아버지는 수전의 상황을 설명해 주었다. 유치원에 다니기 전까지 수전은 공교육이나 사회생활의 경험이 없었다고 했다. 더군다나 코로나19가 한참일 때여서 집에서 그림을 그리거나 책을 보거나 하면서 시간을 보냈다고 했다. 올 여름, 그러니까 새 학기 시작 전에 엄마의 핸드폰으로 유튜브를 보기 시작하였는데 나중에 알고 보니 매우 부적절한 내용의 영상이었다고 한다. 학교에서 내뱉은 많은 욕설과 부적절한 행동은 바로 그 유튜브를 통해 배운 것이라 하였다. 수전은 방과 후에 할머니 댁에 가서 대부분의 시간을 보내는데, 할머니와 엄마 모두 영어를 못하며, 할머니 집에는 갓난아기가 있다고 하였다. 수전의 아버지는 주로 밤에 온라인으로 일을 하는 직업을 가지고 있어 수전과 보낼 수 있는 시간이 많지는 않다고 했다. 수전은 어렸을 때 저체중이어서 특수 분유를 먹었는데, 당 성분이 많이 함유된 분유와 영양식을 너무 오랫동안 먹다 보니 치아가 다 상하게 되었다고 했다.

이 이야기를 들은 선생님들은 모두 고개를 갸우뚱했다. 한두 달 동안의 동영상 시청만으로 그토록 많은 욕설을 배울 수 있단 말인가? 성적인 동작이나 그것을 의미하는 말투들은 어떻게 습득했다는 것인가? 잘 설명이 되지 않았다. 특수 분유와 영양식을 오랫동안 먹어서 치아가 다 썩었다는 것도 믿기지 않았다. 선생님들은 뭔가 수전의 아버지가 밝히지 않는 부분이 있을 것이라 생각했다. 수전이 평소에도 입에 옷소매, 종이, 연필 끄트머리 등을 넣고 깨물거나 빠는 것으로 보아 감각 이상이나 심리적인 이유가 있을 것이라 추측했다.

학교심리상담 선생님은 조심스럽게 특수교육 진단검사를 제안했다. 수전의 아버지는 처음에는 거부 의사를 밝혔다. 아버지는 현재 집에서 문제행동들에 대해 열심히 교육하고 있는 중이고 화가 나면 교실이나 집을 뛰쳐나가는 행동은 많이 잦아들었다고 했다. 심지어 집에서는 수전이 화가 나서 집 밖으로 뛰쳐나갔을 때, 그냥 무심히 놔두었더니 다시 돌아왔다고 하면서, 학교에서도 이 전략을 써 보라고 권하였다. 집과 학교의 차이를 잘 모르고 하는 말! 심리상담 선생님은 '밑져야 본전'이라는 논리로 한번 검사를 해 보는 것도 나쁘지 않다며 계속 아버지를 설득했다. 가까스로 아버지의 입에서 "그럼, 한번 검사를 해 보죠."라는 대답이 나왔다. 아버지는 아직도 수전의 행동이 얼마나 심각하고 정상의 범주를 넘어서는지 인정하지 않는 눈치였다. 수전이 아직 어리고 철이 없다고 생각하는 듯했다. 선생님들이 조심스럽게 소아정신과 의사에게 가서 전문적인 진단을 받아 보라고 권하였는데도 불구하고, 수전의 아버지는 소아정신과 의사는 수전에게 아무 증상도 발견하지 못하였다고 할 따름이었다. 만약 수전의 학교 생활에 대해 의사에게 자세히 말하였다면 분명 다른 결과를 얻었을 것이다.

수전은 특수교육 대상자 진단검사를 받았다. 모든 검사는 학교 일과 중 학교에서 심리검사 선생님이 진행하였다. 물론 무료이다. 수전은 지능검사, 성격검사, 학력검사, 언어검사 및 정서검사* 등 여러 가지 검사를 받았다. 검사의 종류가 많아 검사를 다 끝마치는 데도 한 달 이상의 시간이 걸렸다. 이 와중에도 계속해서 수전의 행동에 관한 관찰 및 데이터 수집이 진행되었다.

---

* Wechsler Intelligence Scale for Children, Fifth Edition
  Behavior Assessment System for Children, Third Edition
  Kaufman Test of Educational Achievement-3
  The Goldman-Fristoe Test of Articulation-Third Edition (GFTA-3)₩

소풍 대신 교내 정학 처분

소풍 전날 아침, 수전의 분노 폭발이 있었다. 급기야 지원실에서 나머지 시간을 보내기로 했다. 나는 지원실에서 있는 모든 수업을 취소해야 했다. 수전을 돌보기 위해서였다.

"수전, 이 학습지를 모두 끝내면 5분간 쉬는 시간을 갖자. 5분 동안 색칠공부를 할 수도 있고, 트램폴린을 탈 수도 있단다."

수전은 담임 선생님이 지원실로 가져다준 학습지를 풀었다. 지원실에 오면 놀이시간이라는 인상을 주지 않기 위해 학습지를 풀게 했다. 물론 글씨는 개발새발이었다. 수전은 지원실에서 일대일 수업을 받으며 어른의 관심을 독점하니 신이 난 모양이었다. 수전은 첫 번째 과제를 무사히 끝내고 색칠공부도 하고 다음 학습지로 넘어갔다.

"수전, 이 학습지를 끝내고는 같이 점심을 먹자."

무사고로 다음 활동도 끝내고 수전과 점심을 먹었다. 친구들과 함께 급식실에서 식사를 하지 못하는 것을 아쉬워하였지만 나름 자신의 행동 때문에 지원실에서 먹어야 한다는 것을 이해하는 듯했다. 점심식사 후에는 나머지 학습지들을 끝내야 한다. 이때부터 수전은 슬슬 지루하고 화를 내기 시작하였다.

"교실로 돌아갈래요. 친구들한테로 갈래요."

"수전, 나머지 학습지들을 끝내고 담임 선생님한테 죄송하다는 반성문을 쓰고 나서 교실에 갈 거란다."

"왜 저를 미워하는 거죠?"

"엄마, 아빠가 보고 싶어요. 집에 갈래요."

"수전, 이 학습지들을 다 풀고 2시 15분에 집에 갈 거야. 금방 할 수 있어."

수전의 얼토당토 않은 말에 대꾸하지 않았다. 수전과 논쟁을 하지 않기 위해서이다. 수전의 말꼬리 대작전에 말려들었다가는 '사랑과 전쟁'의 한 장면처럼 수전의 입에서 온갖 이상한 말과 욕이 꼬리에 꼬리를 물고 쏟아져 나올 뿐이다. 그런 지경에 다다르면 아무것도 할 수 없다. 이럴 때에는 수전의 엉뚱한 말들을 못 들은 척 무시하며, 그냥 해야 할 말만을 반복해서 말해 주는 것이 비법이다. 똑같은 말을 100번 할 자신이 없다면 수신호나 기호 카드를 보여 주기도 한다. 마치 축구 심판처럼 말이다.

수전은 말싸움 전략이 통하지 않자 문 쪽으로 달려가 탈출을 시도했다. 나는 재빨리 문으로 가서 문고리를 잡았다. 수전은 봇물 터지듯 욕을 퍼부으며 문고리를 돌려 밖으로 나가려고 나와 몸싸움을 벌였다. 나는 고장난 라디오처럼 "수전, 선생님의 말을 들어야지. 학습지 풀고 교실에 갈 거야. 그리고 나서 2시 15분에 집에 갈 거다. 얼마 안 남았어."라는 말만 반복하고 또 반복했다. 수전은 참으로 다양한 말을 내뱉었다.

"선생님은 우리 가족이 다 죽기를 바라나요?"

"너는 이 세상에서 가장 못생겼어."

"목을 베어 버릴 테다."

"이 역겨운 ○○야."

"왜 날 미워하는 거예요?"

"친구들이 보고 싶어요."

"왜 거짓말을 하는 거예요? 선생님이 말한 대로 학습지 다 풀었는데 왜 못 나가게 하는 거예요?"

"날 여기서 죽으라는 거예요? 내가 죽기 바라는 거예요?"

"내일 내 생일이에요. 왜 내 생일을 망치는 거죠?"

각종 욕설과 거짓말. 이뿐만이 아니다. 가위, 풀, 색연필, 쓰레
기통, 학습지, 종이, 책 등 수전은 눈에 보이는 것은 무엇이든 던
졌다. 한 10분 정도 난동을 부리며 악을 썼다. 그동안 내가 한 일
이라고는 교실 문고리를 붙잡고 고장난 라디오처럼 같은 말을
반복하는 것이었다. '하지 마', '안 돼', '정신 차려' 등의 말은 하지
않았다. 수전처럼 화가 난 학생에게 무엇을 하지 말라고 말하기
보다는 무엇을 하라고 말하는 것이 더 효과적이라고 배웠기 때
문이다. 10분 정도의 난동이 끝난 후, 수전은 잠잠해졌다. 자기
도 지쳤나 보다. 나는 수전에게 말했다.

"수전, 책임감 있게 행동해야지. 자, 교실을 치우자. 던진 물건
들을 모두 제자리에 다시 갖다 놓아라."

수전은 꿈쩍도 안 했다.

"선생님이 치우는 것을 도와줄 테니까 어서 같이 치우자. 여기

를 다 치우고 학습지 풀고 난 다음에 교실에 가자."

수전은 마음의 동요가 있었는지 아니면 아무리 난동을 부려도 먹히지 않는다는 것을 알았는지 바닥에 떨어진 물건들을 줍기 시작했다. 나도 수전을 도와줬다. 그러나 방심하지 않고 문 쪽을 예의 주시했다. 빈틈을 보이는 순간 언제 다시 탈출을 시도할지 모르기 때문이다. 정리가 거의 끝나 갈 무렵, 약간의 지적을 했다.

"수전, 저기 떨어진 종이도 다 주워서 쓰레기통에 넣어라."

수전의 표정이 일그러졌다. 수전은 다시 분노 초기화 상태가 되었다. 분노 폭발 2부가 시작되었다. 수전은 괴력을 회복하고는 다시 교실을 탈출하려고 했다. 그러나 이미 여러 학생을 통해 단련되어 있던 나는 긴장을 늦추지 않고 번개같이 달려가 문고리를 더욱 꽉 부여잡았다. 수전은 갑자기 교실에 게시된 포스터들을 뜯기 시작했고, 문 옆에 있던 쓰레기통을 던져서 쓰레기들이 눈 오듯 교실 바닥에 좌르륵 쏟아졌다.

"자, 봐라. 이게 네가 원하는 거니? 꼴좋~다."

"한번 막가는 모습을 보여 줘? 이게 네가 원하는 거니?"

"우리 가족이 보고 싶어. 왜 날 죽게 만드는 거야?"

수전이 악을 쓰며 말했다. 유치원 어린이가 하는 말이라고는 도저히 믿기지가 않았다. 옆 반 선생님이 달려왔다. 수전의 괴성과 욕설 그리고 쓰레기통 떨어지는 소리를 듣고 뭔 일인가 놀라서 달려온 것이다. 나는 아무렇지도 않은 표정을 지으며 옆 반 선생님을 돌려보냈다. 마음은 쑥대밭이 되었지만 당황한 표정이나 격한 감정 표현은 오히려 수전의 행동에 휘발유를 끼얹는 격일 뿐이다. 최대한 감정을 얼굴에 드러내지 않으려고 노력하고 또 노력하였다.

"수전, 다시 다 치워야겠네. 교실을 다 치워야 집에 갈 수 있어. 지금 시간이 2시인데, 빨리 치워야 집에 갈 수 있단다."

쉽게 말해 안 치우면 집에 못 간다는 뜻이다. 수전과의 첫 주도권 싸움에서 물러서서는 안 된다는 생각이 들었다. 나는 수전의 아버지에게 학교 사무실에서 수전을 기다려 달라고 연락했다. 이 광경을 수전이 다 보고 있었다. 수전은 깨달았다. 내가 각오를 단단히 했다는 것을 말이다.

　수전은 갑자기 귀엽고 순진한 모습으로 쓰레기를 줍기 시작했다. 마치 전기 스위치가 끔에서 켬으로 바뀐 것처럼 말이다. 교실을 대충 정리하고는 수전의 손을 잡고 학교 사무실로 아버지를 만나러 갔다. 수전의 아버지에게 자초지종을 일러 주었다. 아버님은 아무 말 없이 듣고만 있었다. 수전은 언제 그랬냐는 듯이 착하고 예쁜 모습을 하고 아빠 옆에 앉아 있었다.

　수전을 하교 시킨 후 곰곰이 생각했다. 수전의 급격한 감정 변화가 놀라웠다. 조섭이 생각났다. 수전은 그보다 훨씬 드라마틱하고 공격적이었다. 버림받을 두려움이 엿보이는 말들이 인상 깊었다. 이날 학급에서 저지른 일과 지원실 난동사건으로 수전은 교내 정학 처분을 받았고, 다음 날 있던 소풍에 참여하지 못하였다. 이 사건은 수전이 아직 특수교육 대상자로 정해지기 전의 일이다.

빌런(villain) 이미지에 갇힌 수전

특수교육을 받게 된 수전

수전의 특수교육 대상자 진단검사가 끝나고 결과가 나왔다. 검사 결과 수전의 인지능력은 정상이었다. 그러나 영어 발음상에 부정확성이 발견되었고, 의사소통에 어려움이 있다는 것이 밝혀졌다. 이것은 수전이 이중언어 환경에서 성장하기 때문에 일시적으로 나타나는 장애라고 생각된다. 실제로 수전은 영어로 의사 표현하는 데에 아무런 어려움이 없었다. 그러나 정서 영역에서는 정상 범주를 벗어난다는 결과가 나왔다.

특수교육 진단명은 언어와 정서 영역에서의 '발달지체'이다. 발달지체는 발달장애와는 달리 교육을 통해 또래와의 격차를 줄이고, 특수교육에서 졸업할 수 있다는 가능성을 주는 용어이다.

이 진단은 의료적인 진단은 아니고 학교 상황에서 적용되는 진단이다. 미국에서는 학생이 열 살이 되는 해를 기준으로 '지체'라는 진단명을 '장애'로 바꾼다. 이것은 학생이 지닌 장애가 고착된다는 의미이다. 이러한 검사 결과에 대해 선생님들은 모두 고개를 끄덕였지만 수전의 아버지는 못마땅한 표정이었다. 여전히 수전의 행동이 미성숙 또는 악성 비디오 시청으로 인한 것이며 일반적인 교육과 선생님들의 지극한 사랑으로 달라질 수 있을 것이라 믿고 있는 눈치였다. 그러나 학교심리상담 선생님과 행동수정전문가 선생님은 수전에게 발달지체 외에도 무엇인가 의료적인 진단이 필요한 부분이 있을 것이라 생각하였다.

진단 결과가 나오고 거듭되는 선생님들의 설득으로 수전은 특수교육을 받게 되었다. 나는 매일 수전을 데리고 '분노조절 수업'을 시행하였다. 사실 수전과의 분노조절 수업은 수전 아버지와의 첫 미팅 이후부터 진행되고 있었다. 그렇지만 정식으로 특수교육이 시작되기 위해서는 수전 아버지와 여러 선생님과 함께 만나 개별화교육계획안 미팅을 가져야 했다. 수전의 아버지는 이 미팅을 미루고 미루다가 진단 결과가 나온 지 두 달 후에야 미팅을 가지고 드디어 공식적인 특수교육 수업을 시작하게 되었다.

이제 수전은 특수교육을 받는 학생이므로 보조 선생님의 도움을 드러내 놓고 받을 수 있게 되었다. 이제까지는 다른 학생을 위해 배치된 보조 선생님의 도움을 때에 따라 받고 있었다. 이제는 수전이 화를 내기 시작하거나 떼를 부리기 시작하면 보조 선생님이 수전을 얼른 교실 밖으로 데리고 나오기도 하고, 아예 규칙적으로 교실 밖에서 기분 전환 활동을 할 수 있도록 시간표를 조절해 두었다. 그야말로 수전이 화가 날 틈이 없도록 촘촘하게 개인 시간표를 짜 놓았다. 그럼에도 불구하고 교실 밖으로 뛰쳐나가거나 분노 폭발을 일으켜 교실 밖으로 나와야 하는 날들이 며칠 있었다. 몸이 아파 컨디션이 좋지 않거나, 전날 잠을 잘 못 잤거나 하는 날은 그야말로 난리통이었다. 아침부터 교실 밖으로 뛰쳐나가거나 작은 일에 큰 소리로 울거나 침을 뱉거나 하여 보조 선생님과 복도를 이리 저리 걸어 다니다가 보건실에 누워 있기도 하고, 결국에는 아버지께 전화를 걸어 조퇴를 하고 집에 간 날들도 있었다.

목요일과 금요일도 수전이 공격적인 행동을 자주 보인 요일이었다. 원인이 무엇일까? 금요일 오후에는 유치원 교실에서 '즐거운 금요일'이라는 자유 활동으로 한 주를 마무리했다. 한 주간 주어진 과제를 모두 끝마친 학생들은 금요일 점심식사 후에 컴퓨터 게임, 보드 게임, 색칠공부, 책 읽기 등등 자신이 원하는 활동을 선택해서 즐거운 시간을 가졌다. 모범생이 아니었고, 수업 시간에 자주 산책을 가야 했던 수전은 늘 과제를 마무리하지 못하여 '즐거운 금요일' 활동에서 제외되었다. 과제를 완수하지 못한 학생들은 이 시간에 나머지 과제를 했다. 이러한 상황을 수전은 받아들이지 못했다. 목요일부터 수전은 불안과 분노에 휩싸였다. 목요일에 분노 폭발을 일으키면 당연히 '즐거운 금요일' 활동에 참여하지 못하는 것은 불을 보듯 뻔했다. 담임 선생님은 특수교육 대상자인 수전에게 예외를 주지 않았다. 수전은 스스로 즐거운 금요일에 참여할 기회를 날림으로써 자신의 운명을 통제하는 것 같았다. '즐거운 금요일 활동'에 참여할 수 있을까 마음 졸이며 고민하기 싫어서 아예 망쳐 버리는 심보이다. 나는 담임 선생님이 좀 융통성을 가지고 수전을 '즐거운 금요일' 활동에 끼워 주길 바랐으나 그녀는 자비를 베풀지 않았다.

수전은 교실에서 '악동'으로 낙인이 찍힌 것 같았다. 수전의 책상은 교실 맨 뒤에 있었고, 카펫에 모여 앉아 이야기를 듣는 시간에도 수전의 자리는 선생님에게서 가장 먼 왼쪽 끝이었다. 그동안의 공격적인 행동 때문에 수전은 쓰기 시간에도 연필과 가위 사용이 금지되었고, 학교에 책가방도 가져올 수 없었다. 학급 친구들 중에서는 의도적으로 수전의 화를 돋우는 아이도 있었다. 수전은 자기 반에서 환영받지 못하는 학생이 되어 있었다.

수전의 문제행동을 발견하고 특수교육을 받기까지 6개월의 시간이 걸렸다. 수전을 포함해서 유치원 선생님과 아이들이 제대로 된 지원 없이 고통을 겪으며 반년을 지낸 것이다. 특수교육 대상자로 정해진 뒤에도 거듭되는 인력 부족으로 교실에는 보조 선생님의 도움이 일관되게 제공되지 못했다. 그래서 수전의 폭력적이고 공격적인 말과 행동을 온전히 담임 선생님과 그 학급 학생들이 너무 오랜 기간 감당하였던 것이다. 이제, 이들은 정신적으로 지쳤고, 마음의 여유나 자비가 고갈되었다. 수전을 담당하는 보조 선생님조차도 수전을 향한 연민의 마음이 점점 불쾌와 짜증으로 변했다. 이러한 감정의 변화는 실제 겪어 보지 않는 사람들은 잘 이해할 수 없다. 긴 병에 효자가 없다고 하지 않았던가. 경우에 따라서는 신속하고 과감한 결단과 전환이 상황을 악화시키는 것을 막고 새로운 발전의 문을 열어 주는 것이라는 생각을 하였다.

수전, 무사히 소풍을 다녀오다

나는 수전이 무사고로 3학기의 마지막 주를 보내서 유치원 소풍을 친구들과 가기를 간절히 바랐다. 수전이 지난번 생애 첫 소풍을 가지 못했던 것이 안타까웠다. 담임 선생님은 이번에도 수전이 소풍을 가는 것에 대해 부정적인 의견을 냈다. 최근에 수전이 음악 시간에 난동을 부리고 지원실에 와서는 물건을 집어던지며 옷을 홀러덩 벗어 버리는 만행을 저질렀기 때문이다. 그러나 수전은 이제 특수교육이라는 안전망으로 보호받고 있기 때문에 현장학습을 갈 수 있다. 특수교육을 받는 학생에게는 무상으로 적절한 공립 교육과정을 받게 할 의무가 학교에 있기 때문이다. 수전을 소풍에서 제외시키면 '장애 학생 차별'로 간주될 수 있다.

나는 담임 선생님의 염려와 걱정을 덜기 위해 우선 수전 전담 보조 선생님이 소풍을 따라가서 수전 옆을 밀착 보호하도록 배치했다. 소풍을 가기 전 일주일간은 수전에게 현장학습에서 지켜야 할 규칙들과 올바른 행동에 대해 교육했다. 공공장소에서 옷을 홀러덩 벗어서는 안 되는 것에 대해 '사회생활 이야기(Social story)'를 이용하여 귀에 못이 박히도록 교육했다. 다행스럽게도 수전은 아무 탈 없이 무사히 그리고 안전하게 소풍을 다녀왔다. 나는 수전이 친구들과 함께하는 기쁨을 더 자주 누리기를 바랐다. 이번의 성공으로 앞으로 수전이 소풍을 가는 것은 당연지사가 될 것이다.

학년 말이 다가오면서 나는 고민에 빠졌다. 수전의 행동이 많이 나아지기는 하였지만 여전히 일반학급의 수업을 방해하고 보조 선생님의 도움 없이는 정상적인 학교 생활을 지속하기가 어려운 상태였다. 수전의 더딘 발전이 담임 선생님과 학급 친구들과의 부정적인 관계 때문인지 아니면 수전 개인의 정서적인 문제인지 분간이 되지 않았다. 수전이 난리를 부리는 날보다는 잠잠하게 학교 생활을 하는 날들이 많아지기는 하였지만, 한번 난리를 부리면 상담 선생님, 교장 선생님과 내가 헐레벌떡 뛰어와서 수전을 진정시키고 몇 시간에 걸쳐 달래고 교육시켜야 하는 것이 마음에 걸렸다.

수전의 아버지가 우물쭈물하는 통에 진단을 받고 정식 특수교육 대상자로 선정되는 과정이 너무 길어졌다. 그동안 수전은 적절한 특수교육을 받지 못하고, 악당 이미지만 차곡차곡 쌓아 가게 되었다. 학교심리상담 선생님의 조언을 받아들여 수전을 소아정신과에 데리고 가서 전문적인 진단을 받고, 알맞은 교육환경으로 옮기는 것이 더 나은 선택이 아니었나 하는 생각이 들었다. 조셉의 경우처럼 말이다. 선생님의 관심과 보살핌을 집중적으로 받고, 경쟁보다는 개별화된 교육과정을 통해 천천히 배워 나아가는 교육환경으로 말이다.

또 다른 생각도 들었다. 가정에서 영어를 쓰지 않고, 미국적인 문화에 익숙하지 않은 할머니와 엄마와 지냈던 수전에게 미국 유치원은 신세계였으리라. 얌전하고 무엇이든 잘하는 언니의 후광에 묻혀 관심과 사랑을 갈구하는 수전에게 한 번의 기회를 더 주어야 한다는 생각, 즉 여름방학이 지난 후, 수전이 다른 선생님을 만나서 어떻게 생활하는지를 살펴봐야겠다는 생각이 들었다. 만약 수전이 나이가 좀 더 먹고, 새로운 선생님과 친구들을 만나서 생활하는데도 여전히 공격적인 행동과 말, 그리고 권위를 무시하는 행동, 여기에 더하여 교실에서 도망치는 행동들을 계속한다면 그때는 더 이상 지체 말고 소규모 전일제 특수학급으로 가거나 아니면 공립학교가 아닌 특수한 프로그램을 제공하는 학교로 가야 할 것이라 생각하였다.

행동지원계획서

학생 본인 및 타인의 학습을 방해하는 행동들의 개선을 위한 계획

- 학생명: 수전
- 학교명: 우주초등학교
- 학년: 유치
- 행동수정협의일 또는 개별화교육계획안 유효 마감일: 9/7/2022
- 행동수정협의일: 9/14/22

참석자	역할	서명
존	학부모	
엘리	담임 선생님	
엘리자베스	행동수정전문가	
로버트	행정가 대표	
크리스토퍼	상담교사	
빈야드	학교심리상담 선생님	

해당란에 체크하시오:

☐ 일반교육

☑ 특수교육 대상명: _____

개별화교육계획안   유효일: 9 / 7 / 22

☐ 504 플랜 마감일: _____

* 학생의 강점:

친절하고, 사랑스럽고, 명석하며, 유머 감각이 있고, 모래놀이를 좋아하고, 친구들과 물건을 나누어 쓸 수 있으며, 친구들을 잘 돕고, 일대일 상황에서 집중을 잘할 수 있음. 자기감정을 잘 표현하고, 상호작용을 원활하게 할 수 있으며, 독서를 좋아하고 카리스마가 있음.

관찰된 위험 또는 수업 방해 행동들

관찰된 행동들	대체할 수 있는 긍정적인 행동
공격적인 신체 행동들 던지기/교실의 가구들을 넘어뜨리기, 급우들과 선생님을 발로 차기, 타인을 때리기, 주먹으로 치기, 물건을 던지기, 타인을 향해 물건을 던지기(예: 신발), 타인을 할퀴기, 머리채를 잡아당기기, 타인을 깨물기, 연필로 보조 선생님이나 선생님을 찍으려고 하기, 타인에게 침 뱉기	**적용할 학교 규칙 - 안전하게 행동하기** 수전은 화가 나거나 신경질이 날 때 사용할 수 있는 감정 조절 방법들을 배운다. 감정 조절 방법들을 배우고, 연습하고 잘 사용할 수 있도록 격려를 받는다.
권위에 순종하지 않는 행동들: 두 번의 안내나 기회 부여 이후에도 지시를 따르지 않는 행동('아니요'라고 말하거나 지시를 무시하는 행동)	**적용할 학교 규칙 - 존중하기, 책임감 있게 행동하기** 수전은 두 번의 기회나 안내에 권위자의 지시를 따른다. 만약 휴식이 필요하다고 느낀다면 휴식을 요청할 수 있다(쉼 코너로 가기, 자기 자리에서 휴식하기, 교실 밖에서 어른과 함께 짧은 휴식하기).

* 데이터 수집 방법

■ 수업 방해 행위의 빈도수 체크
  (큰 소리로 말하기, 소리 지르기, 교실에서 돌아다니기)

■ 부적절한 언어 사용의 빈도수 체크

(타인에게 '못생겼다', '바보', '멍청이', '아기 같다', '거지 같다', '너는 악마야'라고 말하는 경우, 급우나 권위자를 위협하는 말('널 죽여 버리겠어', '흠뻑 패 주겠어', '칼로 찔러서 널 죽여 버릴 거야', '학교에 와서 널 칼로 베어 버리겠어', '너 좀 맞아야겠다', '네 얼굴을 한 대 쳐야겠구나', '너 죽고 싶냐'), 욕을 하는 경우('똥', '개년', 'FOOO'), '널 미워해'라고 소리 지르는 경우

현재 가장 심각하고 우려가 되는 행동은 공격적인 신체 행동과 권위를 따르지 않는 행동이므로 본 계획안은 이 두 가지 행동을 개선하는 데 초점을 맞춘다.

행동 데이터 분석 결과

공격적인 행동 – 시간대별

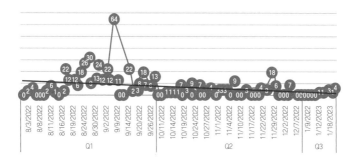

선은 날이 지날수록 공격적인 행동이 감소하는 경향을 나타낸다.

1학기 공격적 행동: 일일 평균 11.1회

2학기 공격적 행동: 일일 평균 2회

3학기 공격적 행동: 일일 평균 1.1회

전체 평균: 일일 5.4회

지시나 규칙을 따르지 않음

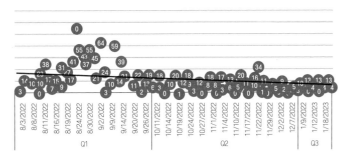

선은 날이 지날수록 지시나 규칙을 따르지 않는 행동이 감소하는 경향을 나타
낸다.

1학기 지시나 규칙 위반 행동: 일일 평균 26.5회

2학기 지시나 규칙 위반 행동: 일일 평균 8.3회

3학기 지시나 규칙 위반 행동: 일일 평균 6.8 회

전체 평균: 일일 15.2회

위험행동으로 인한 수업 이탈 시각

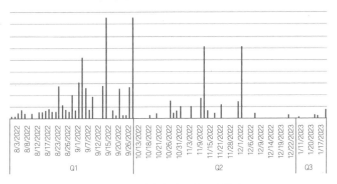

위험 행동으로 인한 수업 이탈 시간이 감소하는 경향임.

1학기 평균 일일 수업 이탈 시간: 80분

2학기 평균 일일 수업 이탈 시간: 25분

3학기 평균 일일 수업 이탈 시간: 10분

전체 일일 평균 수업 이탈 시간: 45분

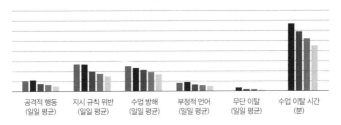

문제행동의 빈도수 추이

공격적 행동 (일일 평균) · 지시 규칙 위반 (일일 평균) · 수업 방해 (일일 평균) · 부정적 언어 (일일 평균) · 무단 이탈 (일일 평균) · 수업 이탈 시간 (분)

■ 9.8.22 ■ 9.23.22 ■ 11.10.22 ■ 12.12.22 ■ 1.20.23

일/월/년	공격적 행동 (일일 평균)	지시, 규칙 위반 (일일 평균)	수업 방해 (일일 평균)	부정적 언어 (일일 평균)	무단 이탈 (일일 평균)	수업 이탈 시간 (분) (일일 평균)
9. 8. 22.	10	27	25	8		
9 .23. 22.	11	27	23	9	3.25	67
11. 10. 22.	7.5	20.1	21.4	6.5	1.9	59
12. 12. 22.	6.6	17.6	19.2	5.9	1.5	52
1. 20. 23	5.4	15.2	17	5.3	1.3	45

* 행동 목표

■ 안전한 행동을 위한 목표

수전이 화가 나거나 신경질이 났을 때 감정 조절 방법을 사용하며 공격적인 신체 행동의 빈도수를 하루 5회 이하로 줄인다. 행동 데이터는 교사가 제작한 관찰표에 기록하며 학기마다 보고한다.

· 기준 데이터: 하루 평균 10회의 공격적인 신체 행동 보임.

■ 권위를 따르기 목표

어른이 지시를 내렸을 때, 수전은 그 지시를 두 번의 안내나 경고 이내에 따른다. 지시를 따르지 않는 행동을 하루 14회 이하로 줄임으로써 행동 개선을 보여 준다. 행동 데이터는 교사가 제작한 관찰표에 기록하며 학기마다 보고한다.

   • 기준 데이터: 하루 평균 27회의 지시를 따르지 않는 행동 보임.

* 데이터 수집 방법

   • 일일 행동관찰 데이터 수집표(공격적 신체 행동 및 권위 무시 행동의 빈도 수 기록)
   • 학생생활기록부 기재 횟수

* 문제행동을 유발할 수 있는 상황에서 도움이 되는 방법들

선행사건들	원인 상황을 완화하거나 대체할 수 있는 방법들
수학 시간에 컴퓨터를 사용할 때	• 컴퓨터 대신 수학 학습지를 할 수 있도록 선택권을 줌.
읽기 시간에 컴퓨터를 사용할 때	• 컴퓨터 대신 책을 읽을 수 있도록 선택권을 줌.
코너 학습을 할 때	• 정해진 스케줄대로 코너를 움직이는 대신에 2개의 코너 중 하나를 선택할 수 있도록 선택권을 줌.
오후 시간(점심식사 후부터)	• 규칙적인 짧은 휴식 시간을 정함(현재 12:45~1:00 휴식 시간을 가짐.)

관심을 받지 못한다고 느낄 때 좋아하지 않는 활동이나 과제를 할 때 자신이 원하는 것을 원하는 방식으로 원하는 때에 하지 못할 때 어렵다고 느껴지는 과제를 해야 할 때	• 시각적 일정표를 게시하기 • 시각 자료, 과제 카드 • 타이머 전략 사용하기 • 쉼 코너를 이용하고, 감정 조절 방법을 사용하기 • '먼저 / 그다음에' 전략 사용하기 • 물건들을 치워 놓기(물건을 던질 때를 대비하여) • 감각통합 도구들 사용하기 • 잠깐 교실 밖 산책하기 • '사회상황 이야기' 사용하기 • 수전이 바람직한 행동을 했을 경우, 학급 앞에서 칭찬하고 긍정적인 관심 주기

* 부정적 행동을 소거하기 위한 긍정적인 강화물

- 수전은 존중하는 태도, 책임감 있는 태도, 또는 안전한 행동을 보였을 경우, 학교 칭찬표를 얻는다.
- 수전은 존중하는 태도, 책임감 있는 태도, 또는 안전한 행동을 보였을 경우, 자유 선택 시간을 가질 수 있고, 그 후에 책 1권을 골라 담임 선생님과 함께 읽을 수 있다.
- 수전은 존중하는 태도, 책임감 있는 태도, 또는 안전한 행동을 보였을 경우, 학급 줄의 맨 앞에 설 수 있다.

* 행동 개입 방법(부정적인 행동이 나타났을 경우, 다음의 순서대로 개입하기)

■ 시각/언어 안내 및 개별적인 충고 이후에도 지속적으로 안전하지 않은 행동을 나타냈을 경우
  - 수전을 교실 밖으로 데리고 나오며 급우들과 분리한다.
  - 수전이 차분해지고 지시를 따를 때까지 급우들과 분리되어 있다.
■ 권위자의 지시를 따르지 않으며 수업을 방해하는 행동을 할 경우
  - 개별적인 안내와 충고를 하며, 지시를 따르고 집중을 할 경우 받을 수 있는

여러 가지 칭찬표나 혜택을 상기시킨다.

- 계속적으로 부정적인 행동을 할 경우 따르는 결과(벌칙)를 상기시킨다.
- 교사가 허락하고 적절한 선에서 수전이 과제하는 것을 도와준다.
- 스스로 차분해질 수 있도록 시간을 주며, 소소한 행동들에 대해서는 관심을 주지 않는다(무시한다).
- 차분한 목소리로 '먼저 / 그다음에' 전략을 쓰고, 간단명료한 언어로 학급에서 지켜야 할 규칙을 상기시킨다.

■ 수전이 교사 / 보조 선생님에게서 도망치거나 교실 밖으로 뛰쳐나갈 경우
- 수전을 따라가며 계속 지켜본다.
- 수전이 한 장소에 머물러 있다면 기다린다.
- 수전이 차분해지고 지시를 따를 때까지 안전한 장소로 이끌어 간다.
- 수전은 학급에서 하는 '재미난 활동'에 참여하지 못한다.

05

미국 학교의 학생지도 이야기

팀워크로 이루어지는 학생지도

  고등학생 때, 내가 다니던 학교에는 무시무시한 학생주임 선생님이 계셨다. 아이들은 그를 '불치병'이라고 불렀다. 걸리면 죽는다는 의미이다. 학생주임 선생님을 대장으로 그 아래에 학생부 선생님들이 늘 등굣길에 또는 한 달에 한 번 있는 복장검사 시간에 학생들을 위아래로 훑으며 생활지도를 하곤 하였다. 가끔 매우 큰 사건, 이를 테면 폭력 사건이나 흡연, 도난 사건 등이 생기면 사건에 연루된 학생들은 교무실로 불려가고—학생들은 '끌려간다'고 표현하였다—학생주임 선생님의 진두지휘 아래 학부모 소집, 학사 경고, 학생 처벌 결과 공고문 게시 등의 순으로 학생지도가 이루어지곤 하였다. 한국에서 내가 일하던 초등학교에서는 주로 담임교사가 알아서 문제아 지도를 하였고, 담임교사 선에서 해결되지 않는 문제들만 교무주임 역할의 선생님이나 교감 선생님이 나서서 풀어 가곤 하였다.

요즘의 MZ세대에게 이 이야기는 구석기 시대의 이야기라고나 할 것이다. 당시에는 선생님에 대한 존경심이 있었고, 권위에 대한 무조건적인 복종, 집단을 위한 개인의 희생 등이 당연시되는 사회 분위기였으니 말이다. 그러나 어느 순간부터 대한민국도 개인의 권리 존중, 합리적인 의사결정 등에 대한 의식이 높아지고 여기에 교권 추락이 기름을 부으면서, 선생님의 권위나 학교의 전통 따위로는 도저히 생활지도가 되지 않는 학생들이 등장하기 시작하였다. 더 이상 '조용히 해!' '수업 시간에 이게 무슨 짓이냐?' '수업 시간에 잠을 자지 마라.' 등의 정당한 생활지도조차도 무시하고, 애처롭게 호소하는 선생님을 비웃으며 대왕마마처럼 뻔뻔하게 군림하거나 심지어 교사에게 폭언과 폭력을 휘두르는 학생들까지 나타나기 시작하였다. 학부모들은 또한 어떠한가? 자신이 누군지 아냐며 교사에게 온갖 무리한 요구와 협박을 서슴지 않는 몰상식한 부모들의 이야기를 심심치 않게 듣게 되었다.

미국 학교에서 선생님들이 거칠고 모가 난 불량학생들을 다루는 방식을 경험하며 뭔가 섬광이 번쩍하는 느낌이었다. 내가 경험했던 대한민국의 생활지도 방식과는 많은 차이가 있었다. 아무래도 문화가 다르고, 다인종 사회이다 보니 그런 것도 같다. 대한민국에서 내가 경험한 생활지도 방식은 감정에 호소하는 경향이 강하고, 강렬하며, 짧고 굵은, 즉 100m 단거리 달리기와 유사하다고 한다면, 미국에서 경험하였던 미국 학교의 생활지도 방식은 이성적이고 일상적이며, 가늘고 길게 가는 경향, 다시 말해 마라톤 또는 줄다리기 같다고 하겠다.

가장 큰 차이는 미국의 생활지도는 '예방'에 심혈을 기울인다는 점이다. 일단 학생에게서 불량의 기운이 감지되면 교육행정가, 행동수정전문가, 특수교육 선생님 그리고 담임 선생님이 함께 팀워크로 불량한 기운을 박살 낸다는 것이다. 한국에서 내가 일했던 학교의 경우, 교육행정가, 즉 교감 선생님이나 교장 선생님이 등장하는 경우는 이미 학생의 불량기가 차고도 넘쳐서 여기저기서 아우성이 빗발칠 때나 있는 상황이었다. 그러나 미국에서는 불량의 기운은 떡잎부터 자른다는 각오로 유치원 단계에서 초전박살을 낸다.

모두가 한 팀으로 일하기 위해 미국의 학교에서는 전교적으로 동일한 훈육 시스템을 적용한다. 한국에서는 각 학급마다 선생님들의 재량껏 개성에 맞게 훈육 시스템을 적용했었다. 그러나 미국의 학교에서는 교장 선생님이 중심이 되어 모든 학급이 동일한 훈육 시스템을 적용한다. 교장 선생님의 철학에 따라 학교마다 훈육체계가 조금씩 다르겠지만 대부분의 초등학교에서는 '안전, 존중, 책임'이라는 항목을 내세우며 학교 규칙을 세운다. 학교에서 지켜야 할 대부분의 규칙을 이 세 가지 항목 아래에 끼워 맞춘다. 예를 들면, '복도에서 정숙하기'는 존중에 해당한다. '줄을 서서 걷고, 뛰지 않기'는 안전에 해당하는 식으로 말이다. 그래서 불량행동을 저지르면 안전, 존중, 책임, 이 세 가지 항목 중 무엇을 위반하였는지를 학생에게 이야기해 주고 훈육단계에 돌입한다. 교육청마다 학교마다 약간씩 다르겠지만 내가 일했던 교육청에서는 학교마다 구체적인 훈육 단계가 미리 정해져 있고, 유치원부터 5학년까지 모두 동일하게 다음과 같은 단계별 훈육을 적용하였다.

- 1단계: 말로 경고를 준다. 한번 기회를 주는 것이다.
- 2단계: 계속해서 행동을 고치지 않을 경우, 교사의 지시에 따라 자기성찰(refocus) 코너로 가서 선생님이 정해 준 시간만큼 앉아 있는다. 대부분 3분에서 5분 정도의 시간이다.

- 3단계: 자기성찰 코너에서 돌아와서도 또 잘못된 행동을 계속하면 옆 반으로 가서 반성문을 쓰게 한다. 내가 근무하였던 교육청의 학교들은 동학년의 경우 시간표가 동일하였다. 예를 들면, 우리 반 수학 시간에 다른 반도 수학을 한다. 그래서 옆 반에 가서 수학을 공부해도 수업내용을 놓치지 않는다.

- 4단계: 반성문을 쓰고도 정신을 못 차리고 계속해서 잘못된 행동을 하면, 경고 딱지를 발부한다. 교사가 경고 딱지에 날짜, 학생 이름, 경고받는 이유를 상세히 기록하여 행정실에 있는 경고함에 넣는다. 교장 선생님이나 상담 선생님이 매일 경고함을 확인하여 당일 또는 그다음 날 학생을 불러 면담을 한다.

- 5단계: 4단계 이후에도 계속 동일한 잘못이 반복되면 교장실로 불려 가서 교장 선생님과 면담을 하게 되고, 부모님께 연락이 가며 생활기록부에 훈육 내용이 기록된다. 이것을 미국에서는 'Office Referral'이라고 한다. 보통 '오피스 리퍼럴'이라고 하면 꽤 심각한 징계에 해당된다.

대부분의 학생은 3단계 정도에 가서는 자세를 가다듬고 꼬리를 내린다. 6년간의 학교 생활을 하면서 5단계까지 차근차근 밟아 가는 학생들은 아주 드물다. 보통의 학생들은 대부분 1, 2단계에서 자세를 가다듬는다. 아주 장난꾸러기들의 경우 4단계까지 가기도 한다. 그런데 이러한 단계를 훌쩍 건너뛰어 바로 교장 선생님 방으로 직행하는 범주의 문제행동이 있다.

안전과 관련된 행동들, 예를 들면 폭력 사용, 성(性)과 관련된 문제, 총기 및 위험물 학교 반입, 방화, 기물 파손 등이다. 따돌림, 협박, 온라인 관련 비행, 커닝 등도 교장실행 문제행동들이다. 이러한 문제행동이 발생하였을 때에는 사태 해결의 공이 담임 선생님에서 교장 선생님 또는 교감 선생님에게로 이동한다. 레벨 업과 같은 효과가 일어나는 것이다. 교장 선생님이 주가 되어 학생을 면담하고 학부모에게 전화하며, 경우에 따라서는 경찰서에 연락한다. 특히 성희롱, 성폭력, 또는 가정에서의 아동학대와 관련된 사항은 듣거나 알게 되었으면 무조건 경찰서에 알려야 한다. 이러한 사건들은 경찰서에 알릴 정도의 수준인가가 아리송하고 헷갈리는 경우가 많아 교장 선생님들은 교육청의 교육감이나 특수교육 전담 장학사에게 긴급 자문을 구하기도 한다. 물론 학생에게 어떤 수위의 징계를 줄 것인가는 담임 선생님과 교장 선생님이 의논하여 결정하지만 앞장서서 문제를 다루는 것은 교장 선생님이다.

특수교육을 받고 있는 학생의 경우에는 예외를 적용한다. 학생의 문제행동이 장애 때문이라면 훈육 시스템에 의존하여 상벌을 주지 않고, 개별화교육계획안에 적힌 내용들을 토대로 학생의 필요와 상황에 맞게 특수교육적인 접근으로 문제행동을 교정하려고 한다. 그렇다고 처벌을 하지 않는 것은 아니다. 다만, 학생의 특수한 상황에 맞게 훈육을 하는 것이다. 예를 들면, 폭력적인 행동이 심하고 안전을 위협하는 행동을 지속적으로 한다면 정학이나 형사 처벌을 하는 것이 아니라 일대일 특수교육 수업 시간을 늘린다든지, 보조 선생님의 지원을 강화한다든지 아니면 전일제 특수학급으로 전학을 시키는 것이다. 야외 놀이시간을 급우들과 다른 시간에 가지게 하는 등의 조치를 취할 수도 있다.

반복적으로 문제행동을 하는 학생들은 어떻게 다루는가? 예를 들어 보자. 유치원 교실에서 수업 시간에 선생님의 지시를 잘 따르지 않고 벌러덩 바닥에 눕거나 말끝마다 선생님의 말꼬리를 잡고 늘어지는 학생이 있다면, 선생님은 이런저런 '당근과 채찍'을 사용해 볼 것이다. 그런데 이 학생에게 당근과 채찍이 효과가 없다면 선생님은 이 학생의 문제를 한 달에 한 번씩 열리는 MTSS(Multi-Tiered System of Supports) 미팅에 가서 의논할 것이다. MTSS란 다단계 지원 체계라고 해석할 수 있겠다. 쉽게 말해 선생님들이 정기적으로 모여 학습 부진 또는 불량행동을 보이는 학생에 대해 대책을 의논하고 지원 계획을 세우며, 그 실행 성과를 확인 점검하는 상설화된 미팅이다.

MTSS 미팅에서는 문제학생에게 어떤 지원을 할 수 있을지 동료 선생님들과 함께 의논한다. 물론 교장 선생님과 행동수정전문가 선생님도 참석한다. 담임 선생님의 여러 가지 노력에도 불구하고 행동의 개선이 보이지 않는 학생에게는 '행동수정계획안'이 붙게 된다. 교장 선생님 또는 교감 선생님, 담임 선생님, 특수교육 선생님, 교육청에서 파견된 행동수정전문가 그리고 학부모가 함께 모여 문제행동을 보이는 학생의 행동을 개선할 구체적인 계획안을 만드는 것이다. 특수교사인 나는 MTSS 미팅을 비롯하여 행동수정계획안 모임에 매번 참석하였다.

행동수정계획안에는 학생이 저지른 문제행동과 문제행동의 횟수, 심각 정도가 각종 숫자와 그래프로 현란하게 기록되어 있다. 물론 이것이 다는 아니다. 중요한 것은 앞으로 어떻게 학생을 교육할 것인지가 구체적으로 기록되어 있다는 점이다. 이러한 계획안을 작성하는 이유는 학교의 모든 어른이 일관성 있게 학생의 문제행동을 교육하기 위해서이다. 미국식으로 표현하자면 "All in the same page" 모두가 같은 페이지에 있기 위해서이다.

모든 문제학생의 행동이 행동수정계획을 통해 개선되는 것은 아니다. 어떤 학생은 도무지 변화되지 않는 것처럼 보인다. 이런 경우에는 부모의 동의하에 학교심리상담가가 나서서 각종 검사—지능검사, 학력검사, 정서검사—등을 실시하여 특수교육 대상자인지를 진단한다. 만약 학생이 폭력적이고, 이 폭력성이 다른 학생이나 선생님들에게 위협이 된다면 '행동수정'이 필요한 학생들을 전문적으로 교육하는 학교로 또는 그러한 특수교육 프로그램이 있는 학교로 전학을 보내게 된다.

미국에서 이루어지는 생활지도는 꽤나 복잡하고 여러 단계를 거쳐 이루어진다. 많은 사람이 관련되어 있다. 한국에 비해 이 분야의 전문가들도 상당히 많다. 심리 및 학력 검사, 진단을 전문으로 하는 학교심리전문가, 정서적인 면의 상담을 전문으로 하는 학교상담 선생님, 특수교육 선생님, 행동수정전문가들이 모두 생활지도에 함께한다. 오히려 담임 선생님은 심각한 생활지도의 경우, 한 발 물러서는 느낌이다. 왜냐하면 담임 선생님들은 일반 학생들의 학습에 집중해야 하기 때문이다.

훈육 방식에는 문화와 철학이 깊게 반영되어 있다. 미국의 공립학교에서 느낀 훈육 방법과 절차는 한국의 그것과 확실히 차이가 있었다. 한국의 학교에서는 훈육이란 사람과 사람 간의 사적이며 주관적인 것으로 생각되고 처리되는 반면, 미국에서는 훈육은 법과 질서와 관련된 공적이고 객관적인 것으로 여겨지는 것 같다. 그래서인지 미국에서는 담임 선생님 혼자서 훈육을 처리하는 경우보다는 교장 선생님을 포함하여 여러 전문가와 함께 공개적으로 또는 절차에 따라 해결하려고 한다. 훈육 과정에 대해 기록을 남기고, 훈육의 타당성을 증명하기 위해 수치화된 관찰 데이터나 진단평가 결과 등 수치화된 자료를 활용한다.

학생의 생활지도에 어려움을 겪고 있을 한국의 선생님들에게도 이러한 전문가들의 도움이 필요하다고 생각된다. 생활지도는 담임 선생님과 한두 선생님들만의 일이 아니라 심리 및 정서 그리고 행동수정전문가들이 함께해야 할 매우 중요하며, 섬세하게 다루어야 할 분야인 것이다.

자료 1: 미국의 훈육 절차표

교실에서 이루어지는 훈육 절차

'안전하게 행동하기' 위반사항	'책임감 있게 행동하기' 위반사항	'서로 존중하기' 위반사항
밀치기 때리기 발로 차기 물건 던지기 교실에서 뛰어다니기 위협하기	떠들기 욕하기 엎드려 있기 선생님께 말대꾸하기 못되게 행동하기 급우들과 갈등 일으키기	쓰레기 함부로 버리기 학교 건물에 낙서하기 어른들의 지시 따르지 않기 수업에 집중하지 않기 행동 절제(self control) 안하기

건물벽에 낙서도 매우 엄격하게 규제했다.

안전이 심하게 위협될 경우, 반성문 종이와 함께 곧바로 교장실로 보냄.

내가 근무했던 초등학교에서는 수업 중 책상에 고개를 박고 엎드려 있는 것을 용납하지 않았다. 아프거나 피곤할 경우 보건실에 가거나 조퇴를 하도록 했다.

1단계 구두 경고	2단계 자기성찰 코너로 가서 반성하기	3단계 다른 교실에서 자기성찰하며 반성문 쓰기	4단계 경고쪽지 발행	5단계 생활기록부 기재. (Office Refferal)

*학생이 계속해서 반항적인 태도를 보이고 교사의 지시를 따르지 않을 경우에는 행동수정전문가에게 도움을 요청한다.

*특수교육 대상 학생은 개별적인 훈육 절차를 따를 수 있다.

행정실 및 교장실에서 이루어지는 훈육 절차

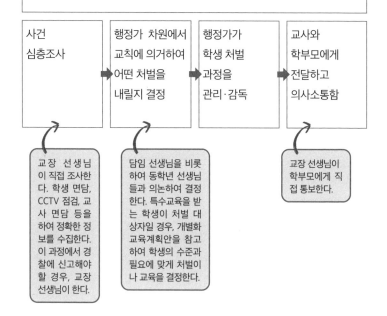

행정가(교장, 교감 선생님) 차원에서 다룰 사항들

- 폭력 또는 심한 반항적인 태도
- 스쿨버스에서의 부적절한 행동
- 놀림, 왕따
- 만성적인 반항, 수업 방해 행위
- 신체적 접촉이나 폭력이 동반된 싸움
- 성냥, 라이터, 총, 총알 등 화기류의 소지

사건 심층조사	행정가 차원에서 교칙에 의거하여 어떤 처벌을 내릴지 결정	행정가가 학생 처벌 과정을 관리·감독	교사와 학부모에게 전달하고 의사소통함

교장 선생님이 직접 조사한다. 학생 면담, CCTV 점검, 교사 면담 등을 하여 정확한 정보를 수집한다. 이 과정에서 경찰에 신고해야 할 경우, 교장 선생님이 한다.

담임 선생님을 비롯하여 동학년 선생님들과 의논하여 결정한다. 특수교육을 받는 학생이 처벌 대상자일 경우, 개별화 교육계획안을 참고하여 학생의 수준과 필요에 맞게 처벌이나 교육을 결정한다.

교장 선생님이 학부모에게 직접 통보한다.

격리실

미국에서 특수교육대학원에 다니던 때였다. 내가 교생실습을 하였던 특수교육 교실 안에는 격리실, 영어로는 'Seclusion room'이 있었다. 이 방은 쉽게 말해 안전을 위해 학생을 잠시 동안 격리시키는 방이다. 화장실 한 칸보다 약간 큰 크기에 가구나 물건이 전혀 없고, 쿠션만이 한두 개 있는, 사방이 흰색으로 칠해져 있는 방이다. 이 방의 문에는 유리창이 있어 안에서 그리고 밖에서 들여다볼 수 있고, 잠금 장치나 문고리가 없기 때문에 문을 잠글 수 없게 되어 있다. 학생이 자신 또는 타인에게 해를 입히거나 그럴 가능성이 높을 때 들여보내는 방이다. 대부분의 학생은 이런 방이 있다는 사실조차 모르고 학교 생활을 한다. 그러나 미국 연방정부 교육부에 각 주별로 격리실을 어떤 원칙으로 사용할 것인가에 관한 규칙을 모아 놓은 문서가 있는 것으로 보아, 공립초등학교마다 학교 건물 어딘가에 격리실이 존재

할 가능성은 매우 높다. 대부분 특수교육 교실 안에 작은 방으로 있다.

언제나 그렇듯 이 방에는 단골손님이 있다. 교생실습하는 3개월 동안, 격리실 단골손님이 있었다. 그는 유치원생으로 자신의 비위에 맞지 않으면 물건을 집어던지거나 책꽂이를 사다리 삼아 높은 곳에 올라가는 통에 언제나 요란한 비명과 함께 여러 선생님에게 들려서 공중부양하듯이 격리실로 들여보내졌다. 들어가서도 계속 문을 두드리고 밀치는 통에, 학생의 담임 선생님과 특수교육 선생님이 문 밖에서 엉덩이로 힘껏 막아서곤 하였다. 하필이면 이 격리실이 지원실 안에 위치한 덕에 한 달에 몇 번씩은 괴성과 울음소리를 들어야 했다. 한번 격리실에 들어가게 되면 울음을 멈추고 평정심을 찾을 때까지 나올 수 없다. 엄마가 출동해도 나올 수 없다. 문 밖에서 선생님이 "이제 나올 준비가 되었니?"라고 물었을 때, 울음을 멈추고 예쁜 목소리로 "네."라고 대답해야만 나오게 해 준다.

처음 이 단골손님이 격리실에 던져졌을 때는 선생님들이 핵폭탄을 들고 뛰는 듯한 분위기였다. 그도 그럴 것이 이 유치원생이 교실에서 문제를 일으켜 교감 선생님 방에 보내졌는데, 교감 선생님 책상 위에 있는 물건들을 죄다 집어던지고 폭력적인 행동을 보여 격리실로 오게 된 것이었다. 그런데 격리실을 찾는 횟수가 점차 늘어 갈수록 학생의 폭력적인 행동이 다소 누그러지고 난동을 부리는 시간도 차츰 짧아지는 것을 볼 수 있었다. 물론 그 뒤에는 미련하리 만큼 매뉴얼대로 이 학생을 훈육하는 선생님들과 교육청에서 파견 나온 '행동수정전문가'의 도움이 있었으리라.

미국에서는 위험한 행동을 하는 학생들을 관리하고 제어하기 위해 특수교육 선생님, 교장 선생님, 교감 선생님 그리고 보조 선생님들이 해마다 '비폭력 위기관리연수Nonviolent Crisis Intervention'를 받는다. 이 연수를 받고 나면 수료증을 주는데, 이 수료증이 있는 사람만이 위험 행동을 하는 학생을 제어하고 격리실로 인도할 수 있다. 수료증이 없는 선생님은 위기 상황에 함께 있을지라도 물건을 치우거나 학생의 행동을 시간별로 기록하는 등의 조력만 할 수 있지 실제로 학생의 몸에 손을 댈 수는 없다. 어쩌다 학교에 수료증을 가진 사람이 아무도 없으면 차라리 학생을 교실에 남겨 두고 나머지 사람들이 다른 곳으로 이동하는 방법을 취한다.

요즘 한국의 학교에서도 거칠고 폭력적인 반응을 보이는 학생들이 있다. 선생님들은 이런 학생들을 어떻게 다루어야 할지 몰라 혼자서 속을 끓이는 경우가 대부분이다. 강하고 세게 학생을 훈육하려다가 고소를 당하거나 역풍을 맞는 경우도 적지 않다. 그런데 학교에 이러한 '격리실'이 있고, 위협적인 행동을 하는 학생을 다루는 구체적인 훈육 매뉴얼이 있다면 상황이 어떻게 달라질 수 있을까 생각해 본다.

학교 안의 '격리실'의 존재와 사용에 대해서는 미국 내에서도 논란이 많다. 어린 학생을 폐쇄된 공간에 가두어 둔다는 것이 지극히 비인간적이고, 심지어는 아동학대로까지 비추어질 수 있기 때문이다. 그런데 교육현장에서 일을 하다 보면 공격적이고 위험한 행동을 하는 학생을 여러 사람이 달려들어 제압해야 하는 순간이 있다. 한번 제압한다고 끝나는 것이 아니라 그 학생이 흥분을 가라앉히고 차분해질 때까지 몇 분에서 몇 시간 그렇게 해야 하는 것이다. 이럴 때 이용하게 되는 것이 바로 격리실이다. 격리실에 학생을 둠으로써 서로의 신체 접촉을 피하고, 무리한 제압이나 신체 접촉으로 인해 발생할 수 있는 상처나 피해를 막는 것이다. 인권 존중을 강하게 부르짖는 미국에서도 각 학교에서 '격리실'을 없애지 못하는 이유가 있으리라. 다소 급진적인 처방이기는 하지만 한국의 교육현장에서도 진지하게 논의해 볼 만한 문제이다.

자료 2: 격리실 이용 규칙

(자료 출처: Positive Behavior Intervention and Support of Arizona. http://pbisaz.
org/preventing-restraint-seclusion/https://www.azed.gov/specialeducation/
resources/restraint-and-seclusion/)

주 교육부에서는 격리실 이용 가이드라인을 마련해 놓는다. 그러나 어떤 주의
경우, 특별한 가이드라인을 정해 놓지 않는 경우도 있다. 이러한 경우에는 교
육청별로 가이드라인을 정해 놓고 이에 따라 격리실 이용 방법을 준수한다. 애
리조나주의 경우, Arizona Revised Statue 15-105에 신체 제압(결박)과 격리
실 이용에 대한 규정을 정해 놓고 있다.

애리조나주나 교육부, 교육청 자료, 그리고 긍정훈육 단체들에서 제시한 가이
드라인들을 종합해 보면, 다음의 사항들을 공통적으로 제시하고 있다.

먼저, 모든 수단과 방법을 동원하여도 학생의 문제행동이 멈추지 않으면 마지
막 수단으로 학생을 신체적으로 제압하고 필요에 따라 격리실을 이용하라고
한다. 신체 제압(restrain)은 물리적인 힘이나 도구를 이용하여 학생이 움직이
지 못하도록 하는 행위를 말한다. 이때, 단순히 일회적으로 학생을 터치하거나
학생이 몸싸움을 하는 데 말리거나 학생이 지닌 무기를 빼앗기 위해 하는 행동
은 신체 제압, 즉 'restrain'에 해당하지 않는다.

문제행동이 학생 자신이나 타인에게 명백하게 위협이 될 때에만 신체 제압과
격리실 이용을 고려한다. 격리실 이용은 훈육의 한 방편이 될 수 없고, 타임아
웃 등으로 사용될 수 없다. 순전히 안전이 위협받는 경우에만 사용한다. 학생
이 안전에 위협이 되는 행동을 멈추면 신체 제압을 멈추고, 격리실에 있을 경
우에는 격리실에서 나오게 한다. 즉, 격리실 사용은 "벌"이나 "훈육"이 될 수 없
으며 오직 "안전"에 크게 위협이 되는 상황에서만 이용하는 것이다.

격리실은 반드시 격리실 밖에서 사방이 관찰 가능하도록 창문이 있어야 하며,
내부에는 전기 코드나 기타 위험한 물건이 없어야 한다. 소방 규정에 따라 화

재 차단 시설이 되어 있어야 하고, 잠금 장치가 되어 있지 않다.

학생이 제압을 당하거나 격리실에 있을 때에는 반드시 어른이 함께 있어야 한다. 학생이 격리실을 이용하게 되면 반드시 부모에게 보고해야 하며, 문서로 격리실 이용 내역을 작성하여 보내야 한다.

학생을 제압하거나 격리실에 들여보내는 선생님과 보조 선생님들은 이와 관련된 연수를 받고 수료증을 받아야 하며, 이 수료증은 일정 기간마다 재교육 후 재발급된다. 연수 내용은 학생들의 문제행동을 어떻게 하면 완화시키고 사전에 예방하는지에 초점이 맞추어져 있다. 부득이하게 학생을 제압하고 격리실로 안내해야 할 경우에는 어떻게 하면 서로 다치지 않고 침착하고 신속하게 안전한 상태로 돌아갈 수 있는지에 대한 내용도 포함되어 있다.

미국의 3단계 학생 관리 방법 - MTSS

아주 유별난 학생 때문에 속상한 일이 있는가?

그 학생의 그 부모라고, 부모까지 덩달아 교사와 행정가들을 괴롭혀서 당장 교직을 때려치우고 싶은 일이 있었는가?

학급의 학부모들이 집단으로 특정 아이 때문에 수업에 지장이 심하다며 항의 전화를 해서 이러지도 저러지도 못한 채, 골머리를 앓고 있는가?

앞으로 소개하는 방법은 학생지도에 어려움을 겪으며 보통의 방법, 즉 면담, 야단치기, 학부모에게 전화, 상담 선생님께 인계 등을 써 보았지만 도무지 개선이 되지 않으며, 오히려 상황이 점점 악화되어, 교사로서 신체적·정신적 위협까지 느끼고 있는 바로 그런 선생님들에게 알려 드리고 싶은 예이다.

도대체 어디서 어떻게 시작해야 할지 모르는
위험학생 지도

　여기에 제시하는 내용은 보통의 학생들에 관한 이야기가 아니다. 신문이나 뉴스에 오르내릴 법한 그런 학생들을 어떻게 다루는지에 대한 방법이다. 요즘 평화롭게, 회복적 정의 등 철학적이고 인격적으로 이 문제를 해결하려고 하는 시도들이 있다. 이러한 방법도 매우 훌륭하고 교육적이다. 그런데 만약 상황이 너무 심각하고, 교사는 정신적·신체적으로 이미 피폐해져서 학생을 붙잡고 앉아 이러쿵저러쿵 정상적인 대화를 나눌 정도의 에너지조차 고갈된 상태라면, 그리고 학생의 행동을 보아하니, 머지않아 경찰관을 부를 정도로 행동이 점차 대담해지고 심각해지고 있는 상황이라면 이러한 인격적 방법을 시도하기에는 아직 준비가 되어 있지 않은 상황일 것이다.

　바로 이런 상황을 위해 다음의 방법을 소개한다. 나는 미국의 공립학교에서 근무하면서 미국인들이 문제학생들을 대처하는 방식을 자세히 관찰하였다. 그들의 주도면밀하고 치밀한 계획과 협업, 그리고 바보스러울 정도로 꾸준한 반복교육을 통해 고삐 풀린 망아지처럼 날뛰던 학생들이 점차 인간의 모습을 찾아 가는 과정을 직접 보고 경험하게 되었다. 자기중심적이고 교만한 학생들을 아름다운 인간의 모습으로 탈바꿈하기 위해서는 철저한 학생들의 행동 및 심리 분석 그리고 지독하리 만큼 일관성 있는 규칙 적용이 바로 열쇠이다. 또 한 가지 매우 중요한 것은 이 모든 방법이 담임 선생님 한 명의 노력으로는 절대 가능하지 않고, 여러 전문가, 특히 교장 선생님이나 주임 선생님, 상담 선생님의 협업으로만 가능하다는 것이다.

자, 그럼 하나의 예를 들어 차근차근 설명해 나가겠다. 먼저, 설명에 앞서 미국의 교육자들이 일반적으로 적용하고 있는 이 방법은 '응용행동분석(Applied Behavior Analysis)'에 근거한 방법들이다. 이것은 인간의 행동을 관찰하고 데이터화하여 분석하고 패턴을 추출해 내어 이에 대한 해결 방법들을 도출하는 것을 기본으로 하고 있다. 혹시나 행동주의 철학이나 응용행동분석이 자신의 교육 신념과 맞지 않거나 인간을 너무 제한한다고 생각한다면 그 의견도 충분히 이해한다. 독실한 기독교 신자인 나도 이 부분에 대해 많은 생각을 하였다. 그런데 데이터 분석을 통해 생각보다 한 사람에 대해 많은 것을 발견하게 되고, 나도 모르던

나 자신을 깨닫게 되면서 응용행동분석을 통해 얻은 결과를 맹신할 수는 없지만 무시할 수도 없음을 알게 되었다.

다단계 학생 지원: 1과 2단계

나는 매달 열리는 MTSS(Multi-Tiered System of Supports) 미팅, 즉 다단계 학생지원 미팅에 참석했다. 이 미팅은 학업이나 행동 면에서 염려가 되는 학생들을 논의하는 모임이다. 미국의 학교에서는 학생들의 학교 생활에 문제가 생겼을 때, 그것이 학업적인 면이든 아니면 생활지도와 관련된 부분이든 간에 3단계로 접근을 한다. 1단계에서 제대로 문제가 해결되지 않으면 다음 단계로 담임 선생님 이외의 교사나 학교전문가들의 지원과 개입이 이루어진다.

1단계는 담임 선생님 선에서 문제를 해결하는 것이다. 동료 선생님이나 전문가 선생님의 자문을 받아, 학급운영 방식을 바꾸어 본다든지, 학습지도 방법을 변형한다든지 하여 학생에게 도움을 주는 것이다. 일주일에서 길게는 6주간 이러한 변화를 시도하면서 담임 선생님은 학생의 성적 변화나 행동 변화를 기록하여 데이터화한다. 이때 활용하는 데이터는 주로 진단평가 점수와 교사가 누적 기록한 학생의 문제행동 빈도수이다.

미국 학교에서는 1년에 3번씩, 학기 초, 학기 중반 그리고 학기 말에 읽기와 수학 진단평가를 실시한다. 이때 실시하는 진단평가는 부진아를 파악하기 위한 것이다. 담임 선생님의 노력에도 불구하고 학생에게 전혀 변화가 일어나지 않고, 담임 선생님 선에서 해 볼 수 있는 것은 다 해 봤다고 판단이 될 경우, 2단계로 돌입한다.

2단계에서는 담임 선생님 이외의 외부의 지원을 받기도 하고, 학생을 따로 불러내어 소그룹 상황에서 지도를 한다. 이때 소그룹을 지도하는 사람은 담임 선생님이 될 수도 있고 부진아 지도 선생님 아니면 생활지도의 경우, 상담자와의 소그룹 상담을 말하는 경우도 있다. 2단계부터는 전문가들이 달라붙어 학습지도나 생활지도를 한다. 2단계의 집중 지원을 하였는데도 학생의 문제가 개선될 조짐을 보이지 않는다면 이때야말로 학부모, 교장 선생님, 특수교육 선생님, 행동수정전문가, 학교심리검사 선생님이 투입되어 전문가적인 지원을 투입해야 하는 단계이다. MTSS 미팅이 바로 선생님들이 모여 머리를 맞대고 학생들에게 어느 단계의 맞춤형 지원을 해야 할지를 의논하고 결정하는 모임이다.

헐레벌떡 도서관으로 달려가 보니, 벌써 교장 선생님, 문제아를 둔 학급의 담임 선생님들, 부진아 지도 선생님, 행동수정전문가, 학교심리검사 선생님이 모여 오늘 화두에 오를 학생들의 명단을 살펴보고 있었다. 학생 명단을 살펴보니 친숙한 이름들이 여럿 보였다. 지난 달 모임에서 이미 1단계 지원이 진행 중인 학생들이 행동이 개선되지 않아 다시 논의 학생 명단에 이름이 올라온 것이다. 즉, 2단계에 해당하는 지원들을 모색하기 위해 모인 미팅이었다.

"제임스의 문제행동을 개선하기 위해서 그동안 여러 가지를 했어요. 줄을 설 때마다 친구들을 밀치고 때리기에 항상 줄의 맨 앞에 서서 저와 손을 잡고 복도를 이동했지요. 교실에서는 맨 앞에 교사 책상과 가장 가까운 곳에 자리 배치를 했답니다. 작업치료사 선생님도 몇 번 오셔서 참관을 하셨고, 지시대로 무릎 담요를 제임스의 무릎에 얹어 놓아 안정감을 느끼게 하려고 했지만 오히려 담요를 이리저리 휘두르며 휙 던져 버려서 그만 책꽂이 위로 담요가 날아갔어요. 물론 30분 간격으로 행동관찰일지를 작성하고 있습니다."

1학년 담임 선생님의 하소연이다. 이 선생님은 이미 1단계 조치들을 다 해 보았다는 것을 어필하는 것이다. 또 다른 선생님의 사연도 이어졌다.

"라일리가 어제 식당에서 줄을 서서 배식을 기다리는 중에 앞에 있던 친구의 배를 주먹으로 때렸어요. 물론 맞은 친구가 라일리를 보고 피식 웃기도 하고 옆의 친구와 귓속말로 무엇인가를 속닥거려서 라일리가 화가 나서 그랬다는데, 이렇게 친구와 문제를 일으킨 것이 이번 학기에 벌써 세 번째입니다."

이런 식으로 여러 선생님의 하소연과 그간 취하였던 여러 가지 조치에 대해 들었다. 이어서 학교심리검사 선생님(School Psychologist), 상담 선생님(School Counselor), 행동수정전문가 선생님들의 조언이 이어졌고, 몇몇 문제행동이 심각하거나 횟수가 빈번하다고 여겨지는 학생들에 대해서는 "Behavior Support

Plan", 즉 행동지원계획을 세우고 학부모와 학교 관계자들이 함께 만나 이 계획을 어떻게 실행할 것인지 검토하고 실행하기로 했다. 행동지원계획서는 교육청에서 파견 나온 행동수정전문가 선생님이 작성한다. 행동수정계획안에는 학생들의 문제행동이 상세하게 기록되어 있다. 최소 6주간의 관찰 및 데이터 수집을 분석하여 수치화, 그래프화한 결과가 나와 있다. 이와 더불어 학생이 어떤 상황에서 문제행동을 일으키는지, 문제행동이 일어나면 어떻게 조치를 취해야 하는지가 매우 구체적으로 기록되어 있다.

예를 들면, 제임스는 주로 영어 쓰기 시간에 분노 폭발을 자주하고, 쉬는 시간 끝나고 줄 서기를 할 때 밀치거나 침 뱉기를 하며, 이러한 행동이 금요일 오후에 극에 달한다는 행동 패턴을 행동수정계획안에 기록한다. 현재 제임스는 수업 방해 행동으로 인해 친구들과 격리되어 지내는 시간이 하루 평균 1시간에 달하며, 지루하거나 과제가 어려울 때마다 화장실을 가겠다고 하여, 하루에 화장실을 10번 간다는 등의 행동도 모두 행동수정계획안에 기록한다. 6주간의 관찰과 데이터 수집을 바탕으로 2가지 정도의 행동 목표를 정하여 이를 어떻게 성취할 수 있을지, 학생에게 어떤 지원이 필요한지가 기록되어 있다. 대체로 시각 자료와 구체적인 개인별 시간표 제공, 분노 조절 방법 교육계획, 매일같이 상담 선생님과의 점검 및 짧은 상담 등이 지원책으로 제시된다.

한 가지 중요한 것은 이 계획안을 가지고 학부모를 만나기 전에 행동수정전문가는 일주일에 몇 번씩 제임스 부모님께 전화를 걸어 단순하게 오늘의 수치, 그러니까 몇 번 화장실을 가고, 선생님께 어떤 욕을 하였으며, 친구를 어떻게 몇 번 밀쳤는지를 숫자화하여 보고한다. 행동수정전문가 선생님이 워낙 전문가이다 보니, 내용은 매우 불편하고 부정적이지만 제임스를 매우 걱정하며, 어떤 도움을 줄 수 있는지 부모님의 지혜를 구한다는 식으로 제임스 부모와의 대화를 이끌어 간다. 대화의 창구를 담임 선생님으로부터 행동수정전문가 선생님으로 옮겨 가는 것이다. 이렇게 하여 학부모와 행동수정전문가 선생님 간의 어느 정도 관계가 형성되는 시점에서 행동수정계획안을 가지고 학부모와 선생님들이 함께 미팅을 가진다. 함께 만나서 행동수정계획안에 보고된 그간의 학생의 행동에 대해 부모에게 보고를 하고 앞으로 어떤 목표로 어떤 지원을 해 나아갈지를 의논한다. 중요한 포인트는 학생의 행동이 공격적이고 심할수록 미리 행동수정전문가 선생님이 학부모와 전화 통화나 대화를 해서 마음의 준비를 하게 하는 것이다.

다단계 학생 지원: 3단계

이렇게 구체적으로 계획을 세워 학생을 집중 관리하고 여러 가지 지원을 제공하였는데도 불구하고, 학생의 행동이 나아질 기미가 보이지 않는다면 이제 3단계로 넘어가게 된다. 3단계는 문제행동을 일으키는 학생을 일대일로 지원하는 것이다. 학습 부진아의 경우, 교사 자격증을 소지한 부진아 지도 선생님이 학생을 수업 중 따로 빼서 부진아 지도 커리큘럼을 가지고 지도를 한다. 위험 행동을 하는 학생의 경우, 상담 선생님, 행동수정전문가 선생님, 또는 특수교육 선생님이 일대일로 만나 분노 조절 상담이나 훈련 등을 일정 기간 실시한다. 이렇게 했는데도 변화나 개선이 없을 경우에는 특수교육 진단검사를 고려하게 된다. 특수교육 대상자인지를 의논하여, 부모의 동의하에 특수교육 진단검사를 하고, 특수교육 대상자로 진단이 내려지면 본격적으로 특수교육 차원에서 행동수정교육을 제공하는 것이다. 이 단계부터는 학생의 부정적인 행동에 대한 관리와 교육의 책임과 주체가 담임 선생님으로부터 특수교육 선생님에게로 넘어간다.

특수교육 선생님의 관리하에 개별화교육계획안에도 부정적인 행동의 개선을 위한 행동 목표들이 수록이 되고, 더불어 행동수정계획안은 계속 업데이트가 되며 개별화교육계획안에 별첨 자료로 첨부되어 학생의 교육과정에 함께 적용된다. 특수교육 선생님의 계속적인 '분노 조절 교육' 및 '스트레스 해소 교육'에도 불구하고 학생의 부정적인 행동이 개선되지 않고, 수업 방해 행동이 심하여 교실에서 나와 지내는 시간이 50%를 넘게 되면, 그 시점부터는 특수교육 선생님과 행동수정전문가 선생님은 이 학생을 일반학급에서 전일제 특수학급으로 옮기는 것에 대해 본격적으로 논의한다.

교육청마다 특수교육 프로그램을 운영하는 방식이 제각각 다르지만 큰 틀은 비슷하리라고 생각한다. 일반 공립초등학교에서는 특수교육을 받는 학생들의 필요와 적응 능력에 따라 특수학생들의 학급 배치를 결정한다. 학생들이 일반 학생들과 분리되어 특수교육을 받아야 하는 시간이 총 학교 생활 시간의 20% 미만인 경우에는 일반학급에 소속되어 하루에 30분에서 2시간 정도만 특수교육 교실이나 언어치료실, 작업치료실 등에 가서 특수교육을 받고는 일반학급으로 돌아가 생활한다. 주로 정서장애, 학습장애, ADHD, 고기능 자폐스펙트럼장애, 신체장애를 지닌 학생들이 여기에 해당한다. 그런데 여러 가지 이유로 일반 교실에 머무는 시간이 50% 미만으로 떨어질 경우, 즉 수업 방해 행동이나 공격적인 행동으로 날마다 교실 밖으로 쫓겨나거나 급우들에게 격리되어 있어야 되면, 진지하게 공립학교 안에 있는 전일제 특수학급으로 전학을 고려하게 된다.

전일제 특수학급은 교육청마다 구성하는 방법이 다르다. 어떤 교육청은 장애별로, 예를 들면 정신지체 학생들을 한 반, 자폐스펙트럼장애 학생들을 한 반 이렇게 장애별로 반을 구성하는 경우가 있고, 다른 교육청은 공격성을 지닌 학생들을 한 반, 감각장애를 지닌 학생들을 한 반, 그리고 나머지 장애를 지닌 학생들을 한 반으로 묶어 구성한다. 이는 장애별로 교실에 갖추어야 할 기기와 시설들이 다르기 때문이다.

내가 맡았던 조셉은 이 3단계 과정을 거쳐 일반 학교에 있는 전일제 특수학급으로 전학을 갔다. 조셉은 일반 공립학교의 일반학급에서 공부를 했었는데, 수업 방해 행동과 공격적인 언어 사용으로 3단계, 즉 특수교육 선생님에게 분노 조절 수업과 학습지도 등을 받았다. 그런데 이러한 노력과 지원에도 불구하고 행동이 나아지지 않자 부모님, 행동수정전문가 선생님, 그리고 특수교육 선생님이 논의한 끝에 과감하게 일반 학교에 있는 전일제 특수학급으로 전학을 보냈다.

조셉이 전학 간 학급은 총 학생이 8명이며, 보조 선생님이 3명 있어서 조셉의 문제행동을 잘 관리하고 교육할 수 있는 구조였다. 전학 간 초반에는 여러 가지 문제행동을 하였지만, 선생님 3명이 달라붙어 즉각적인 훈육—과제가 끝낼 때까지 쉬는 시간 보류, 격리실에 있기, 에너지가 방전될 때까지 울고불고 소리 질러도 아무도 관심 갖지 않기—을 통해 거의 정상에 가깝게 행동이 개선되었다고 하였다. 그래서 이제는 보조 선생님 없이 일반학급에 가서 주요 과목 수업을 듣는다고 한다. 조셉의 어머니가 특수교육 선생님과 행동수정전문가 선생님에게 기쁨의 이메일을 보내오기도 하였다.

문제학생을 지도하는 방법에는 여러 가지가 있다. 사랑과 관심으로 학생의 마음을 감화시켜 학생이 인생의 의미를 깨닫고 공부에 전념하게 하는 것이 우리 모두가 바라는 방식일 것이다. 그런데 요즘 세상에는 트라우마, 유전병, 약물중독, 장애 그리고 잘못된 양육 등으로 사랑과 관심 더하기 알파가 필요하다고 느낀다. "비둘기처럼 순결하고 뱀처럼 지혜로운" 교사들과 행정가들이 필요한 시기이다. 학교현장에서도 사랑과 헌신 더하기 알파를 고민해 보아야 할 시점이다.

자료 3. MTSS 도표

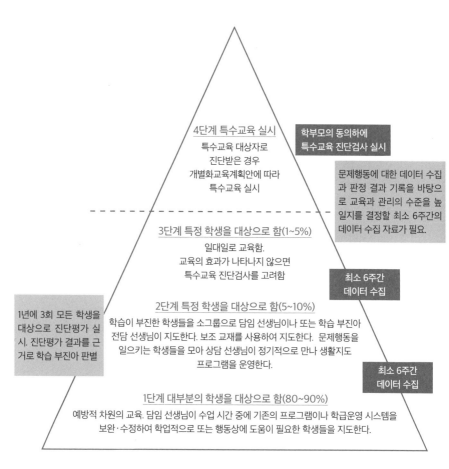

4단계 특수교육 실시
특수교육 대상자로
진단받은 경우
개별화교육계획안에 따라
특수교육 실시

학부모의 동의하에
특수교육 진단검사 실시

문제행동에 대한 데이터 수집
과 판정 결과 기록을 바탕으
로 교육과 관리의 수준을 높
일지를 결정할 최소 6주간의
데이터 수집 자료가 필요.

3단계 특정 학생을 대상으로 함(1~5%)
일대일로 교육함.
교육의 효과가 나타나지 않으면
특수교육 진단검사를 고려함

최소 6주간
데이터 수집

1년에 3회 모든 학생을
대상으로 진단평가 실
시. 진단평가 결과를 근
거로 학습 부진아 판별

2단계 특정 학생을 대상으로 함(5~10%)
학습이 부진한 학생들을 소그룹으로 담임 선생님이나 또는 학습 부진아
전담 선생님이 지도한다. 보조 교재를 사용하여 지도한다. 문제행동을
일으키는 학생들을 모아 상담 선생님이 정기적으로 만나 생활지도
프로그램을 운영한다.

최소 6주간
데이터 수집

1단계 대부분의 학생을 대상으로 함(80~90%)
예방적 차원의 교육. 담임 선생님이 수업 시간 중에 기존의 프로그램이나 학급운영 시스템을
보완·수정하여 학업적으로 또는 행동상에 도움이 필요한 학생들을 지도한다.

다단계 학생 지원
Multi-Tied Student Support

230   05 미국 학교의 학생지도 이야기

저자 소개

신경아(Shin, Kyoung A)

이화여자대학교 초등교육과에서 학사 및 석사 학위를 받았고, 미국 애리조나주에 있는 Grand Canyon University에서 Master of Education in Special Education Leads to Initial Teacher Licensure를 졸업하였다.

중앙기독초등학교에서 약 13년간 교사로 근무하면서 통합학급에서 자폐 스펙트럼 장애 및 복합장애를 지닌 학생들을 지도하였다. 1999년 EBS에서 방영한 〈학교현장보고-#61 협동사회 수업〉 편에 수업 사례가 방영되기도 하였다.

2015년에 미국으로 건너가 특수교육을 공부하고, 2019년부터 애리조나 피닉스 및 템피 지역에 있는 Kyrene School District에 속한 Waggoner Elementary School과 Mariposa Elementary School에서 특수교육 선생님, 즉 Resource Teacher로 근무하였다. 통합학급에서 주로 ADHD, 학습장애, 정서장애, 적대적 반항장애 및 자폐스펙트럼장애 학생들을 가르쳤다. 대학생 딸과 고등학생 아들이 있으며, '심기운 곳에서 꽃피우기'라는 네이버 블로그를 운영하고 있다.

namenoshin@naver.com
https://blog.naver.com/namenoshin

좌충우돌 위기교실과 위기학생 관리하기

– 학교현장에서 ADHD, 학습장애, 정서장애, 품행장애 학생을 품는 방법 –

Story of challenging behavior interventions in classrooms

2024년 1월 10일 1판 1쇄 인쇄
2024년 1월 20일 1판 1쇄 발행

지은이 • 신경아
펴낸이 • 김진환
펴낸곳 • (주) **학지사**

04031 서울특별시 마포구 양화로 15길 20 마인드월드빌딩
대표전화 • 02)330-5114   팩스 • 02)324-2345
등록번호 • 제313-2006-000265호

홈페이지 • http://www.hakjisa.co.kr
페이스북 • https://www.facebook.com/hakjisabook

ISBN 978-89-997-3028-3 03370

정가 16,000원

출판미디어기업 학지사

간호보건의학출판 **학지사메디컬** www.hakjisamd.co.kr
심리검사연구소 **인싸이트** www.inpsyt.co.kr
학술논문서비스 **뉴논문** www.newnonmun.com
교육연수원 **카운피아** www.counpia.com